collection
horizons ésotériques

dirigée par Jean-Pierre Bayard

DANS LA MÊME COLLECTION

Robert Ambelain : **Les Traditions celtiques.** Doctrine initiatique de l'Occident.
Irène Andrieu : **Initiation à l'astrologie d'évolution.** Traité pratique d'astrologie traditionnelle, spirituelle et karmique.
Irène Andrieu : **L'Astrologie, clé des vies antérieures.** L'interprétation des nœuds lunaires en astrologie karmique.
Jean-Pierre Bayard : **La Spiritualité de la Franc-Maçonnerie.** De l'Ordre initiatique aux obédiences.
Jean-Pierre Bayard : **Les Talismans.** Psychologie et pouvoirs des symboles protecteurs.
Aleister Crowley : **Astrologie.** Archétypes de l'univers astral selon la mythologie et les traditions occidentales.
Lucien Gérardin : **Le Mystère des nombres.** Arithmétique et géométrie sacrées.
Lucien Gérardin : **Les Carrés magiques.** Des mandalas occidentaux.
Mario Mercier : **Le Monde magique des rêves.** Connaissance initiatique et symbolique des songes.
Papus (Dr Gérard Encausse) : **Les Arts divinatoires.** Graphologie, chiromancie, morphologie, astrologie, physiognomonie, astrosophie.
Jérôme Piétri : **Réincarnation et survie des âmes.** Mystères et traditions de l'au-delà.
François Ribadeau Dumas : **La Lumière et l'illumination.** L'énigme de la lumière, source de vie spirituelle et de connaissance.
René-Lucien Rousseau : **Le Langage des couleurs.** Énergie, symbolisme, vibrations et cycles des structures colorées.
Fernand Schwarz : **Les Traditions de l'Amérique ancienne.** Olmèques, Chavin, Mayas, Aztèques, Incas...
Annick de Souzenelle : **Le Symbolisme du corps humain.** De l'arbre de vie au schéma corporel.

« Expériences vécues » :

Mario Mercier : **La Nature et le Sacré.** Initiation chamanique et magie naturelle.
Mario Mercier : **Les Rites du Ciel et de la Terre.** La quête spirituelle de l'Homme.
Mario Mercier : **Les Fêtes cosmiques.** Les chants de la Vie et de l'Amour

Ouvrages épuisés :

Pierre Carnac : **L'Architecture sacrée.**
A.-D. Grad : **Le Golem et la connaissance.**
Pierre Mariel : **Sectes et sexe.**
Serge Hutin : **La Tradition alchimique.**
François Ribadeau Dumas : **L'Œuf cosmique.**

Le monde magique
des rêves

OUVRAGES DU MÊME AUTEUR

Le Monde magique des rêves (Éditions Dangles).
La Nature et le Sacré (Éditions Dangles).
Les Rites du Ciel et de la Terre (Éditions Dangles).
Les Fêtes cosmiques (Éditions Dangles).
Chamanisme et chamans (Éditions Belfond).

Romans :

Le Journal de Jeanne (Le Terrain Vague).
La Cuvée des singes (Éditions Civilisations Nouvelles).
Le Nécrophile (Éditions Jérôme Martineau).
L'Odyssée fantastique d'Arthur Dément (Éric Losfeld).

Poésies :

Chants chamaniques (chez l'auteur).
Le Temple de l'Univers (Éditions Vence, Cité des Arts).

A paraître :

Les Chants de la couleur (Éditions Vence, Cité des Arts).
L'Enseignement de l'Arbre-maître.

Mario Mercier

Le monde magique des rêves

Connaissance initiatique et symbolique des songes

15e mille

Dessins et peintures de l'auteur

Éditions DANGLES
18, rue Lavoisier
45800 ST-JEAN-DE-BRAYE

L'AUTEUR :

Passionné de Chamanisme et pratiquant les lumineux cultes de la Nature, Mario Mercier — ouvert à toutes les formes de communication spirituelle — a toujours cherché à communiquer directement avec la Nature et les fabuleuses puissances qui l'habitent. La Voie de la Nature, voie Royale et féerique délaissée depuis la fin du paganisme est une mise en images de l'Imagination Divine et nous permet, par son enseignement, de nous ouvrir spirituellement.

Écologiste visionnaire, c'est en étroit contact avec les forces de la Nature et de l'Univers que Mario Mercier poursuit ses recherches dans la voie spirituelle et magique qu'il s'est tracé. Dans sa création artistique, dans ses fascinantes poésies incantatoires et sacrées, de même que dans ses peintures médiumniques (réalisées selon un procédé spécial et par de lumineuses couleurs), il exprime le monde réel des Déesses, des Dieux, des Fées et des Génies qui le traversent. Peintures vivantes, alchimiques qui, rayonnant audelà d'elles-mêmes, offrent une ouverture spirituelle profonde.

Pour Mario Mercier, l'homme doit retrouver sa fonction initiale de médium des puissances du Ciel et de la Terre. Mais une telle façon de voir et de vivre le monde — comme le voient et le vivent encore certains Indiens d'Amérique du Nord — n'est plus de mise en notre époque hypermatérialiste où l'homme, plein de scepticisme et prétentieux, a perdu volontairement — par crainte d'être taxé de superstition — sa riche identité magique. Pourtant, pour celui qui veut s'ouvrir, aimer, ressentir, connaître et se connaître mieux, l'Univers est une vaste école dont l'enseignement ne finit jamais. Comme certains de ces hommes marginaux d'esprit que l'on appelle des visionnaires, Mario Mercier a gardé ce goût et cette nostalgie de l'Ailleurs dont il s'est efforcé de traduire dans cet ouvrage, en « scribe émerveillé », les divins messages.

ISSN : 0182-063X
ISBN : 2-7033-0216-9

A Marité Mutz, artiste peintre,
pour son génie créateur

Le monde magique des rêves (encre Michel Mille).

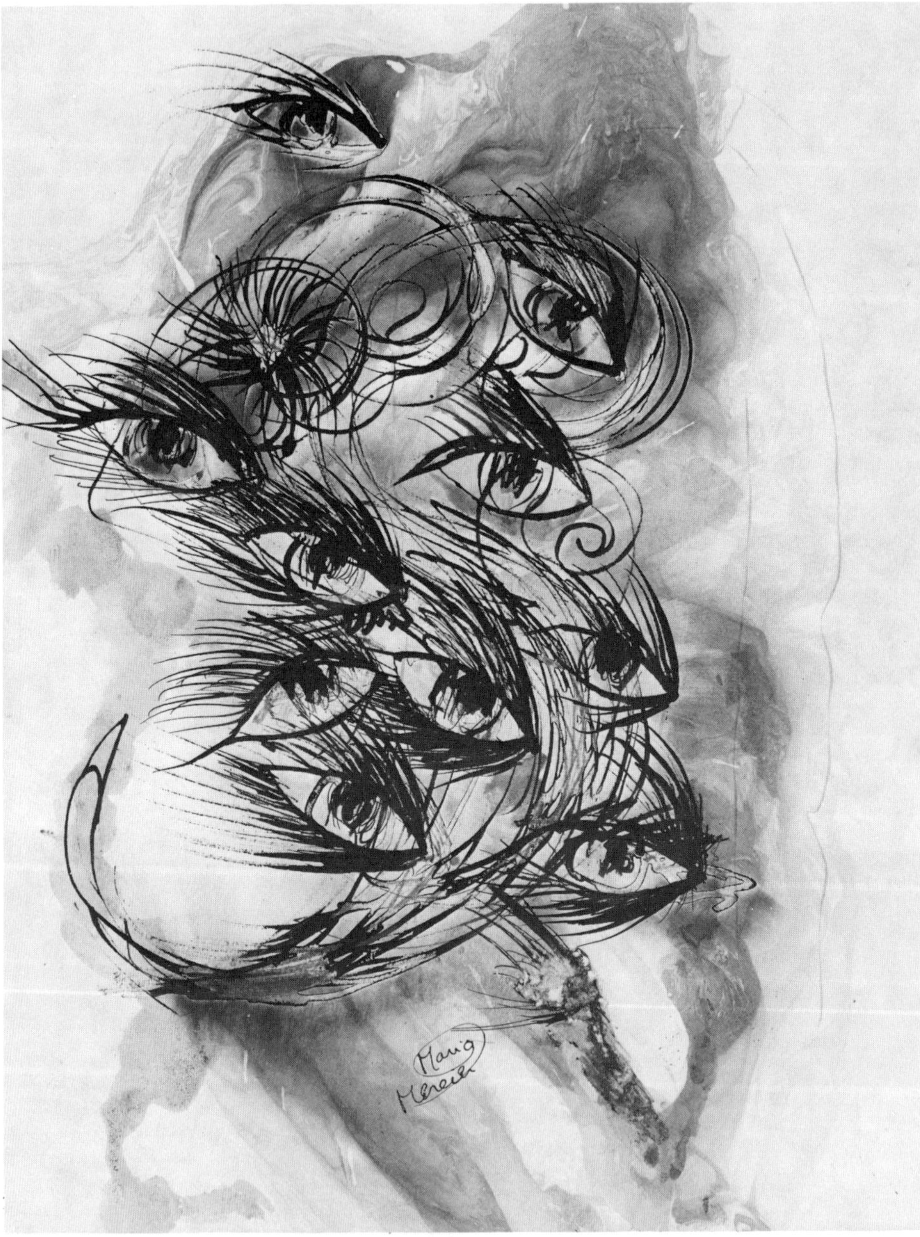

Le rêve est comme une conscience supérieure qui se manifeste à nous sur plusieurs dimensions (peinture de l'auteur).

PREMIERE PARTIE

la mythologie des rêves

« Il faut avoir abandonné le symbolisme puéril de Freud pour comprendre enfin la signification titanesque des rêves. »

H. P. Lovecraft

Le rêve est une voie d'accès aux **portes secrètes de l'âme** et qu'il faudra ouvrir (illustration de Jacqueline Koé).

1

La mentalité historique du rêve

1. L'Islam

Le jour de sa mort, le Prophète a dit : « Il ne reste du prophétisme que le bon rêve ; l'homme juste le voit ou il se fait voir à lui » (Ibn Sa'd, III, 18). Ainsi, l'oniromancie fut la seule méthode de divination à n'être pas répudiée par l'Islam.

Seul le Coran rendit possible le développement de l'oniromancie dans les pays musulmans. A son tour, il joignait sa voix prophétique à celles du *Talmud* et des écrits de la Grèce ancienne.

Selon Mahomet et ses disciples, tout rêve prophétique provient d'une révélation directe de l'archange Gabriel ou d'Allah lui-même.

Dans la religion arabe, Dieu est le premier dispensateur des rêves. Il est la source immuable de toutes les manifestations oniriques. Il transmit son savoir à Adam. Celui-ci le donna à Seth qui le donna à Noé. Par la suite, le Joseph biblique et les Prophètes du Sinaï maintinrent l'ancienne tradition.

La civilisation arabe atteignit son apogée entre le VIIIe et le XIIIe siècle. Avec elle, l'oniromancic devint l'une des méthodes de dialogues spirituels parmi les plus répandues. Elle était considérée comme une branche des sciences naturelles. Les adeptes de cette science se distinguaient curieusement des astrologues, magiciens et devins : ils étaient placés au même rang que les Prophètes.

La première des visions oniriques de l'Islam fut évidemment celle qui permit la diffusion de la doctrine religieuse. Mahomet raconte lui-même sa révélation en ces termes :

« Pendant mon sommeil, l'archange Gabriel m'apparut portant une couverture en brocart de soie sur laquelle quelque chose était écrit. Et il dit : « Lis ! » Je dis : « Je ne sais pas lire. » Il serra si fort contre mon corps la couverture de brocart que je crus ma mort arrivée. Après cela, il me relâcha et dit : « Lis ! » Et, ainsi, je lus à haute voix et il me quitta enfin. Je me réveillai et c'était comme si ses paroles étaient marquées au fer rouge dans mon cœur. C'est alors que j'entendis une voix venant du ciel qui dit : « Oh ! Mohammed ! Tu es le messager d'Allah et, moi, je suis Gabriel ! » Je levai mon visage vers le ciel et voici que j'aperçus Gabriel sous forme humaine, les pieds au bord du ciel. »

A partir de ce jour, Mahomet défendit farouchement sa mission divine, tout en étant régulièrement assailli de visions.

Dans une autre de ses révélations nocturnes, il se vit, dans son sommeil, transporté à Jérusalem et, de là, sur son cheval ailé appelé Boraq, ramené chez lui à La Mecque, jusque dans son lit. Depuis ce jour, Jérusalem est considérée comme l'une des trois villes saintes de l'Islam, avec Médine et La Mecque.

L'interprétation des rêves devenait donc un moyen logique de tirer au clair les enseignements de la nuit, de comprendre le voyage magique, sa raison d'être et le pourquoi de son existence dont le sens, bien souvent fragmenté, apparaît au cours des rêves.

Comme les juifs, les Arabes affirmaient qu'un rêve non interprété ressemble à un oiseau qui plane au-dessus de la maison et qui n'est pas encore descendu.

Mais, pour mettre un obstacle aux abus de la libre interprétation et pour sanctionner ceux qui inventaient des rêves en affirmant leur authenticité, de sévères punitions furent instituées, car le rêve était sacré. Il était donc la route qui permettait de communiquer avec les divinités et les anciens Prophètes.

« Celui qui dit des mensonges à propos d'un rêve, déclare Mahomet, se verra condamné, le jour de la Résurrection, à faire un nœud avec un cheveu minuscule. »

Parmi les interprètes arabes (il y en avait des milliers), le plus remarquable semble être Ibn Sirîn (mort en 728 ap. J.-C.). Son *Livre des Rêves recueillis* représente une véritable synthèse des sciences spirituelles de ce temps. On disait de lui qu'il « pleurait la nuit, priait le jour et jeûnait tous les deux jours ». Entièrement habité par le monde de la nuit, il accordait une importance primordiale aux rêves.

Sa mort prouve d'une façon évidente que, pour l'Islam, le rêve anticipait toujours le temps à venir, qu'il surgissait à la manière d'un oracle et permettait d'envisager avec sérénité les grands événements du destin : Dieu avait parlé, l'homme savait, il n'avait plus qu'à se préparer religieusement, en fonction de l'inéluctable.

Ibn Sirîn, apprend-on, était en train de manger lorsque sa femme apparut et dit : « J'ai eu un rêve. J'ai vu la lune entrer dans les Pléiades. » Et la lune s'écria : « Je suis la parole de Dieu. Va chez Ibn Sirîn et raconte-lui ta vision ! » Ibn Sirîn saisit la femme par les deux mains et s'écria : « Comment est-ce que tu l'as vue ? » La femme répéta son rêve. Ibn Sirîn devint pâle comme un mort et porta les mains à son ventre. Sa fille demanda : « Qu'as-tu à devenir aussi pâle ? » Il répondit : « Comment ne pas devenir pâle quand cette femme prétend que je dois mourir dans sept jours ! » En effet, Ibn Sirîn mourut et on l'enterra le septième jour.

Pour les adeptes de l'Islam, plus précisément pour les spécialistes de l'oniromancie, il existe un Ange du Rêve. Il s'appelle Sadîqûn. « Une distance de sept cents ans sépare le lobe de son oreille de sa nuque. C'est lui qui parle aux hommes en paraboles et leur montre, dans les secrets de la science divine, inscrits sur la tablette gardée, le Bien et le Mal qui arriveront. » (*Dìnawarì,* f, 34.)

Chez les Arabes, Harâ, ancienne divinité lunaire de la magie sémite, est un démon qui provoque les mauvais rêves.

Pour Masûdi, « les songes proviennent en partie des anges et en partie de Satan ».

Ce combat des entités bénéfiques et maléfiques est illustré par une légende rapportée par Bayhaquî.

« Une veuve rêva que l'un de ses fils éventrait l'autre ; elle se réveilla effrayée, prit son fils menacé et l'enferma dans une chambre. Tandis qu'elle se tenait pensive et soucieuse, elle se rendormit et vit le Prophète en songe. Il lui demanda : « Qu'y a-t-il ? » et elle lui raconta son rêve. Et le Prophète appela : « O Rêve ! » Et voici que le mur s'ouvrit et qu'une femme de grande beauté se présenta à lui. Il demanda : « Qu'as-tu voulu de cette pauvre femme ? » Elle répondit : « Par celui qui t'a envoyé comme Prophète de la Vérité, je ne suis pour rien dans son rêve ! »

« Alors, le Prophète interpella les « rêves incohérents » (*Coran* 12,44 ; 22,5) ; une femme, à l'opposé de la première, apparut. Il lui posa la même question. « Je les ai vus heureux, répondit-elle, et je les ai enviés ; c'est pourquoi j'ai cherché à les attrister. » Alors, le Prophète rassura la femme. »

L'Islam accorde une importance particulière aux rêves, selon le moment de leur déroulement. Pour Mahomet, « le rêve le plus vrai est celui qui « est vu à l'aube ». Mais l'oniromancie arabe est loin d'accorder de l'importance à tous ceux qui vivent le rêve.

« La vérité des rêves ne dépend pas seulement de Dieu qui les envoie, mais de la personne qui rêve : les rêves les plus vrais sont ceux des rois et des esclaves puis, par ordre décroissant, ceux des hommes, des femmes et des enfants. »

On retrouve la structure sociale de l'Islam adaptée à la science des rêves. Elle n'est rien d'autre qu'une allégorie, sous-entendu par roi le principe souverain élu par le Prophète, par esclave celui qui sert le souverain et, par sa fonction, se sacralise lui-même.

Pour Ibn Khaldûn, « l'oniromancie est une science dont la lumière est un reflet de la prophétie, avec laquelle elle a beaucoup de rapport. L'une et l'autre, en effet, ont pour objet les perceptions provenant de la révélation ».

Ainsi, le rêve, dans l'Islam, est essentiellement de nature prophétique et divinatoire, comme l'enseigne le Prophète lui-même. L'expérience directe n'existe que dans la mesure où elle sert la dynamique historique de la religion.

L'adepte reçoit, en rêve, les ordres supérieurs qui assurent et consolident la foi et le forcent à agir dans le temps selon sa foi. Le rêve se révèle alors comme le moteur de l'action sacrée ; il est à la fois la source invisible et le rythme traduit par le quotidien lorsque celui-ci reflète les lois divines.

*

* *

2. La Palestine

Il en fut de même pour l'oniromancie juive. Mais ses diverses sources d'influences permettent déjà de distinguer la science prophétique et le savoir magique.

Dans le *Talmud* palestinien, véritable montagne littéraire, le rêve s'appuie fermement sur l'enseignement divinatoire. Il oppose à la prophétie spirituelle le Règne de la Nuit et de la Magie Noire, opposition que reprend le *Talmud* babylonien.

La magie babylonienne influença constamment la mystique du peuple juif, l'empire israélite ayant été détruit en 586 av. J.-C. par le roi babylonien Nabuchodonosor.

Pour les juifs, l'alliance avec Dieu par le moyen du rêve est une négation violente des « autres cultes » auxquels appartiennent la « science païenne » et les vénérations « démoniaques » de Babylone, la cité des Mages Noirs. Le christianisme devait, par la suite, reprendre ce manichéisme du rêve, opposant les puissances du Bien à celles du Mal, faisant du sommeil le terrain de combat des forces de l'Ombre et de la Lumière. L'enjeu en était l'âme humaine, car l'âme que se disputaient les esprits de la magie était impuissante dans le sommeil et tout se passait à l'insu du dormeur qui n'avait pas pouvoir sur ses rêves.

Pour les juifs, le sexe pouvait être l'un des instruments favoris du démon. Le rêve sexuel trahissait donc la présence des entités malfaisantes, ces esprits nocturnes masculins et féminins appelés aussi incubes et succubes.

Aux esprits féminins de l'ombre appartenait Lilith. En effet, le *Talmud* affirme « qu'un homme qui dort seul dans sa maison est saisi par Lilith ». Ces démons étaient capables de se reproduire par accouplement avec un être humain. De là provient la hantise de l'accouplement après certains sortilèges nocturnes.

Mais, pour le *Talmud,* ce commerce avec les esprits pouvait être permis dans certaines circonstances ; nous en trouvons la trace dans la Kabbale. Les Talmudistes et les Kabbalistes ne font pas du rêve un élément majeur du savoir. Pour eux, la révélation nocturne existe authentiquement, la visite des esprits n'est pas un leurre, mais ces phénomènes particuliers ne sont pas ceux auxquels s'attachent les véritables initiés.

La science magique de la Kabbale enseigne, à travers le *Zohar,* à regarder Dieu en face, sans intermédiaire d'aucune sorte, à pratiquer cette magie solaire qui donne le pouvoir du feu. C'est le rituel flamboyant d'Elie ou de Moïse, de ceux qui atteignirent la dimension des divinités et échappèrent aux mécanismes du corps et de l'esprit.

Pour eux, Dieu ne parlait pas seulement à travers les énigmes du rêve. Il se manifestait en plein éveil, lorsque l'adepte avait évidemment atteint ce haut degré initiatique qui permet de fixer l'invisible, les yeux grands ouverts.

Dieu parle à Aaron et à Myriam en ces termes :
« Si votre Prophète est un prophète de Yahwé,
je me fais connaître à lui par la vision,
dans le rêve je lui parle.
Il n'en est pas ainsi de mon serviteur Moïse...
C'est face à face que je lui parle, dans l'EVIDENCE et non par énigmes. » (*Nombres* XII, 6-8)

Moïse est donc mis au-dessus de l'humanité religieuse, il est l'un de ces phares spirituels qui ont éclairé le monde du rêve ; sa théophanie s'adresse à Dieu en plein éveil, car Dieu
« parle dans le songe, dans la vision nocturne,
lorsque la torpeur s'abat sur les hommes,
lorsqu'ils reposent sur leur couche.
Alors, il ouvre l'oreille des hommes... » (*Job,* XXXIII, 14-16)

Le rêve est donc véritablement une séparation. Il est la zone d'accès possible où l'homme se risque progressivement.

L'embrasement divin que connut Moïse sur le Sinaï, ou le Christ sur le mont Thabor, est au rêve ce que le génie est à l'étude : une illumination, une perception fulgurante et immédiate qui engendre et déclenche tous les mécanismes de l'interprétation, car le rêve estompe le feu, adoucit le passage, endort le corps pour que la chair ne subisse pas la flamme de la révélation soudaine.

Seuls, certains êtres se jetèrent dans la verticale d'une expérience terrible, hors de songe, abolissant en eux toutes limites, même occultes. Cette audace, permise dans le judaïsme à quelques-uns, fut l'apanage des Mages de Mésopotamie qui firent de l'empire du rêve une illumination constante.

*
* *

La Femme intérieure et le rêve (dessin de l'auteur).

3. La Mésopotamie

Pour la civilisation mésopotamienne, située entre le Tigre et l'Euphrate, l'audace se découvrait aussi dans la construction d'édifices colossaux. Mais la soif de démesure, tant magique qu'architecturale, allait de pair avec la soif de destruction.

A Ninive fut construite l'une des plus anciennes bibliothèques du monde, où fut rassemblé tout le savoir humain connu à cette époque. Cela, non par humanisme, mais par passion du savoir, car la philanthropie n'avait pas cours au pays des Mages.

A ce goût de collectionneur du savoir, s'opposait, paradoxalement, le mépris de la vie humaine. Pour M. Longraz : « ...par des apologies sculptées dans la pierre, les rois se vantaient sans cesse de la manière dont ils avaient détruit des villes entières. On mutilait, on dépeçait les prisonniers et on les brûlait vifs ; le roi vainqueur, en personne, coupait le nez et les oreilles aux nobles vaincus et aux princes eux-mêmes. Il leur crevait les yeux, les écorchait vifs (de pareilles scènes furent même sculptées en relief, avec amour)... Le Bien et le Mal, sans distinction, étaient assujettis aux puissances maléfiques... »

Ces actes extrêmes, dominés par les esprits et les démons de la Magie toute-puissante à Babylone, ne pouvaient être évités : les autres mondes parlaient et l'homme subissait. Il ne lui restait plus qu'à se concilier les bons esprits, à calmer les mauvais, à invoquer des protecteurs occultes afin que l'acte l'épargne ou assure sa propre puissance.

L'Art Magique gérait entièrement la vie de tous les jours ; c'était lui le Prince du Royaume, le Souverain devant lequel les rois courbaient la tête. Donc, il devenait vital de déchiffrer les messages de l'autre monde pour comprendre ce que voulaient les esprits. Une foule de Mages, de Devins, de Prêtres se tenaient prêts, à tout instant, à entretenir la communication avec les forces dangereuses des autres dimensions.

Le magicien devenait donc responsable des désastres. Il servait, en quelque sorte, de « paratonnerre ». Sa puissance devait détourner les démons ou les maîtriser.

En Mésopotamie, le nombre des dieux et des démons était infini : on en comptait jusqu'à 65 000.

Mardouk, l'une des plus anciennes divinités, s'était élevé, avec le temps, au rang de Dieu Suprême. On disait qu'il avait vaincu le dragon Jiamat et que, des deux moitiés de la bête, il avait fait le ciel et la terre.

Son épouse était Ishtar, l'incarnation toute-puissante de la féminité, la Déesse de la Maternité et de la Prostitution que l'on retrouve chez de nombreux peuples sous différents noms : Aphrodite chez les Grecs, Ashtoret chez les juifs, Isis en Egypte, Vénus dans la Rome antique.

Les dieux et les démons se faisaient connaître de façon particulière : par les mouvements soudains de la nature, par la conduite étrange des oiseaux et des animaux, par la complexité visionnaire des intestins d'animaux sacrifiés et, évidemment, par le songe.

Nul n'engageait son armée au combat sans avoir consulté le prêtre. De là l'importance dominante du sacerdoce.

Dans les premiers temps de la civilisation mésopotamienne, les prêtresses étaient vénérées au même degré que les divinités (la prêtresse oniromancienne était celle « qui consultait les dieux »). Elles formaient entre elles une caste à part et vivaient en communautés fermées. Leur collège-souverain était fréquemment consulté par les rois indécis quant à l'évolution sociale de leur royaume.

Dans cette atmosphère saturée de démons et de dieux, le rêve nocturne reliait directement à l'empire des esprits ; il relevait donc de la compétence des prêtres et prêtresses, et revêtait à chaque fois une importance extraordinaire.

L'une des plus anciennes clés des songes de l'époque, *la clé des Songes assyrienne,* date de Hammourabi (1728-1686 av. J.-C.). Le roi Assurbanipal (668-626) possédait cette clé des songes dans son immense bibliothèque de Ninive.

Ce « Livre » était composé de 12 tablettes de briques sur lesquelles on avait gravé les caractères cunéiformes avec un stylet biseauté, à la manière de *la Clé des Songes hiératique* de l'Egypte ancienne. Comme tous les écrits de cette époque, le texte commençait par une malédiction contre ceux qui touchaient les tables sacrées : « Palais d'Assurbanipal, roi du monde, roi d'Assyrie qui se confie en Assur et Balit... qui est une connaissance précise du noble art de l'écriture que nul autre parmi les rois, mes ancêtres, n'avait appris. Pour pouvoir les regarder, les lire, je les rangeais dans mon palais, moi le souverain... Quiconque les prend, ou quiconque écrit son nom à côté du mien, que Assur et Balit le maudissent et fassent disparaître du monde sa postérité ! »

Le *Livre des Rêves,* provenant de la bibliothèque d'Assurbanipal, raconte la manière dont le roi s'adressa à la divinité pour réclamer sa protection dans les combats, lors de l'invasion des Elamites. Il sollicita la déesse au cours d'un long rituel et, surtout, arrivé devant l'image sacrée, il se prosterna et pleura en priant.

Les pleurs faisaient partie du rituel au même titre que les sanglots provoqués par les Pharaons avant la communication par le rêve ; ils servaient, en quelque sorte, de charge émotionnelle.

La même nuit, Assurbanipal fit un rêve dans le temple.

« Ishtar entendit mes soupirs éplorés et me dit : « N'aie crainte. A cause de ta prière et de tes yeux remplis de larmes, j'ai eu pitié de toi. » En effet, la nuit même où je m'étais adressé à Ishtar, un Prêtre-Sabrû, s'étant mis au lit, fit un rêve. Ishtar lui fit voir une vision nocturne. Il me la rapporta comme suit : « La déesse Ishtar qui demeure à Arbèles entra dans la pièce ; à sa droite et à sa gauche pendaient des carquois, elle tenait l'arc à la main, l'épée acérée tirée, prête au combat.

« Elle se dressait devant vous et vous parlait comme une véritable mère. Alors, Ishtar, la plus grande parmi les Dieux, vous appela pour vous donner l'ordre suivant : « Détourne l'attaque, car partout où tu projettes d'aller, c'est moi qui en déciderai ! » Alors, vous lui avez dit : « Partout où vous irez, j'irai, ma Haute Dame ! » Mais elle réitéra son ordre : « Tu restes ici, à l'endroit où tu dois être ; mange, bois, réjouis-toi, honore ma divinité pendant que j'irai accomplir cette tâche et faire se réaliser les désirs de ton cœur. Alors, ton visage ne sera plus pâle, tes pieds ne trembleront plus et tu n'auras plus besoin d'essuyer ta sueur froide, même au plus fort du combat ! » Sur ce, elle vous enveloppa dans son écharpe odorante, protégeant tout votre corps. Alors, elle brilla comme un feu et sortit, pleine de fureur, pour défaire vos ennemis, se dirigeant vers Teumman, roi d'Elam, qui avait excité sa colère. »

Aux dires des Prêtres de Babylone, la tradition onirique remonterait à 47 000 ans. Cette tradition occulte enseignait les

Les mystères de la nuit et de la femme ont leur source dans le monde secret du rêve.

moyens de transformer un rêve fatal en son contraire, à l'aide de formules conjuratoires et d'exorcismes. Il importait donc d'apprendre ces formules rituelles qui agissaient directement sur la signification des rêves.

A la fin de *la Clé des Songes assyrienne,* se trouvent des formules de ce genre : « Donne la clé à celui qui a eu un rêve obscur. Qu'il enlève d'une porte fermée une boule de terre et prononce au-dessus d'elle la conjuration. Puis qu'il la jette dans l'eau. Son malheur va disparaître. »

Pour celui qui ne possède pas l'arme qui agit sur le rêve, alors la prémonition nocturne va son cours, jusqu'au drame s'il y a lieu ; rien ne peut empêcher son déroulement inexorable.

Le thème de la fuite devant la fatalité se répète souvent dans la littérature antique. On le retrouve, par exemple, dans l'histoire de ce roi de Ninive qui, à la suite d'un rêve prémonitoire, se rendit à Babylone pour échapper à la mort et où la mort le surprit pourtant.

De même, le poème *l'Enfant et le marais* d'Annette von Drost Hülshoff, où il est question d'un enfant qui, ayant eu un présage néfaste, avait peur de marcher seul à travers le marais, fait allusion à ce thème. Il demande à un homme de l'accompagner pour le protéger et c'est justement lui qui l'assassine.

Les dieux, à la manière des hommes, sont aussi la proie de rêves énigmatiques qu'ils ne comprennent pas toujours. Ils les déchiffreront seulement dans l'action, lorsque l'acte coïncidera exactement avec la prémonition. Alors, ils auront, en quelques instants, le pouvoir de modifier leur propre destinée.

Dans les aventures du demi-dieu Gilgamesh, qui se trouvaient également dans la bibliothèque d'Assurbanipal, à Ninive, le songe secret annonce l'action future.

« Le prince Gilgamesh raconte à sa mère un rêve qu'il fit : Le ciel était parsemé d'étoiles qui, tout à coup, tombaient sur moi, comme des guerriers flamboyants. Toute cette armée d'étoiles était comme un seul homme qui se présentait devant moi ainsi qu'un adversaire. Je tentai de le soulever, mais il était trop lourd pour moi. Alors, je le serrai contre moi comme une femme, je le jetai par terre pour me pencher sur lui et le lançai à tes pieds, ô mère ! Toi, tu l'accueillis comme ton fils et tu le plaças à mes côtés, comme mon frère. »

Par la suite, Gilgamesh rencontre Enkidu, l'homme-sauvage, et lutte avec lui exactement comme dans le rêve. Après le combat, d'où Gilgamesh sort vainquèur, ils se lient d'amitié et ne se quittent plus.

La longue saga de Gilgamesh n'est pas simplement une succession de faits mythologiques, elle contient aussi les arcanes secrètes de la nécromancie mésopotamienne.

Pour provoquer le rêve et connaître la volonté des dieux, le héros emploie une technique divinatoire pratiquée par les Mages de Ninive. Cette technique nécromantique est utilisée pour faire « monter l'esprit des morts ». Gilgamesh et Enkidu creusent la terre face au soleil couchant et, de ce trou, sort comme un souffle : le sommeil qui s'empare du héros. Tout comme pour entrer en communication avec les morts, les Mages de Mésopotamie ouvraient la terre pour provoquer le rêve : « Montagne, apporte-moi un rêve ! »

« Et la Montagne apporta un rêve.
Une onde passa, un zéphir souffla,
Celui-ci fit tomber le sommeil...
Comme une montagne d'orge.
Gilgamesh posa son menton sur ses genoux
et le sommeil qui coule sur les hommes tomba sur lui. »

Le sommeil est alors comparé à une aile d'oiseau qui passe et emporte l'esprit du dormeur, qui est semblable à l'esprit du mort, car « l'âme du mort est vêtue d'un vêtement de plumes ». L'âme-oiseau représente aussi le guide qui conduit la déesse Ishtar dans sa descente aux enfers.

Le sommeil possède, simultanément, ces deux caractéristiques, les deux fonctions de l'âme en voyage : l'âme-oiseau et l'oiseau psychopompe.

Les Mages de la Mésopotamie savaient que le monde du rêve était parfois le monde des morts, qu'il permettait de communiquer avec ce plan infernal dont l'importance initiatique se retrouve dans toutes les traditions.

« Un griffon parut, son visage était sombre.
Ses mains étaient des pattes, ses ongles des serres d'aigle.
Il m'adressa des paroles avec violence.
Il me dépouilla de mes vêtements
et m'emporta...
Il me transforma en un double de son corps.
De plumes, comme un oiseau, mes bras étaient couverts.
Me saisissant, il me mena vers la maison des ténèbres, résidence d'Arkalla,
la maison d'où ne sort plus celui qui y entre... »

Le monde magique du rêve ne peut être séparé de la descente aux enfers. Celui qui va à la rencontre de ses rêves, rencontre les entités des plans invisibles. Il entre dans cet espace terrible où le combat occulte forge l'âme de l'adepte et fait de lui un mage éveillé, le serviteur de Mamu, dieu des rêves.

4. Sumer

A la fois dieu et déesse, le dieu sumérien Mamu correspond à l'Acadien Zaquîqu, ce qui signifie : « vent soufflant avec douceur, zéphir ». Il est le messager du dieu souverain Mardouk. Ce souffle, cette haleine qu'est le rêve, sont représentés par de petites figurines qui tiennent leurs mains devant leur bouche afin de diriger vers l'adorateur « le souffle de l'haleine de grâce ».

De la même manière, les démons se servent de ce souffle pour pénétrer, la nuit, dans les chambres des dormeurs et des malades. « Ils se glissent à travers la porte comme des serpents. Les gens cherchent en vain à se protéger. Ils s'insinuent à travers les fentes du seuil ou toute autre ouverture ou crevasse de fortune. »

Le souffle est véritablement le déplacement des forces subtiles, le Prâna des ascètes indiens, le Respir qui porte toute chose à travers les différents plans de conscience.

Bénéfique ou maléfique, c'est lui que le dormeur chevauche, lui encore qui s'enroule autour de l'ascète au cours de sa méditation, lui que le Mage invoque au centre du rituel.

Cette vérité, transmise par les Mages de Mésopotamie, nous permet d'envisager ici le rêve comme un agent actif, une somme d'énergies non connues qui véhiculent tous les secrets qui tourmentent les hommes depuis l'aube des civilisations.

2

L'accès au monde divin

Dans la mythologie, Hypnos, dieu du Sommeil, est le frère jumeau de Thanatos, dieu de la Mort. Ce n'est pas sans raison que les Anciens ont associé ces dieux. Tous deux représentent des états où l'être humain échappe au conscient. Il est, par-là même, plongé dans un monde où l'éveil n'a pas de prise.

Dans beaucoup de croyances, nous retrouvons le phénomène de l'âme qui abandonne le corps durant le sommeil, ayant revêtu l'apparence d'un papillon (la nymphe Psyché, symbole de l'âme errante, est souvent représentée avec des ailes). Et, dans certains cimetières, encore à l'heure actuelle, il existe des tombes où le symbole du papillon figure, afin de représenter l'âme qui se libère du corps et de la terre. Le papillon, également symbole de transformation, lie donc la mort et le sommeil à travers une compréhension qui échappe aux hommes.

Le rêve est une porte qui s'ouvre sur un univers aux dimensions gigantesques. Son interprétation en est la clé.

Dans la légende du chasseur maudit *(Contes et Légendes de Babylone et de Perse),* nous retrouvons le rêve étroitement mêlé à la réalité. Les dieux, en songe, avaient envoyé à Kessi toute une série d'avertissements sur son sort futur. Celui-ci ne sut comprendre le message et se retrouva en fort mauvaise posture dans le monde des morts.

Ce que les légendes mettent en évidence, c'est le lien étroit qui existe entre le monde du rêve et le monde de l'éveil, ainsi que les risques encourus par ceux qui ne se plient pas avec sagesse aux prophéties contenues dans les songes.

Dans l'Egypte antique, on invoquait les dieux avant de s'endormir afin d'éviter les rêves néfastes qu'envoyait Seth, le daïmon planétaire. A cet effet, on faisait, le plus souvent, appel à Bès, le bon dieu, protecteur du sommeil et du rêve.

Dès son réveil, le dormeur prononçait les formules appropriées et effectuait des pratiques magiques pour éloigner les effets néfastes qu'auraient pu provoquer ses rêves. Il purifiait surtout son visage en le nettoyant avec de la bière ou de la myrrhe.

En Inde, dans le *Traité des Songes* (Jagadeva, XIIe siècle), on recommandait de se rendormir après un mauvais rêve, sans en avoir parlé à qui que ce soit, cela afin d'en détruire les effets néfastes.

Un texte tantrique du Xe siècle (le *Spandakira* de Vasugupta) mentionne que c'est dans l'état intermédiaire situé entre le sommeil et l'éveil que la maîtrise des rêves est possible. Le yogin doit à la fois provoquer et maîtriser ses rêves. S'il y parvient, il a alors tout pouvoir sur les objets et les êtres qu'il perçoit et possède également la maîtrise des sensations qu'il peut provoquer (nous retrouvons des similitudes dans le mazzérisme, en Corse, dont nous reparlerons plus loin).

Le dormeur ne doit jamais être conscient. Etant au cœur des états de veille, rêve et sommeil profonds, il se trouve éveillé à la réalité du Soi. Les respirations ont un rôle essentiel car elles mettent le futur rêveur face à l'énergie pure et c'est de l'énergie dont dépend la vision durant le sommeil.

Dans le Kurdistan iranien, la vision, pendant le sommeil, était obtenue grâce à un stupéfiant que l'on absorbait mélangé avec du vin : le mang.

Mohammed Mokri expliquait qu'il était nécessaire de formuler à l'avance ce que l'on désirait obtenir du rêve. Ensuite, il fallait évoquer en soi le nom de son roi éternel, de son guide, de son roi spirituel, puis, enfin, celui de son chef de famille. A l'heure du coucher, le dormeur devait à nouveau les nommer afin que leur force le protège. Il pratiquait ensuite un vide mental pour redonner à son esprit toute sa puissance. Il se concentrait alors sur ce qu'il désirait obtenir. Dans sa *Loi du Mentalisme,* A.V. Segno parle d'une méthode qui offre des similitudes pour obtenir des résultats à peu près semblables, mais dans l'état de veille cette fois.

Les gardiens des mondes invisibles permettent au rêveur ouvert à leur dimension d'accéder à des plans de conscience supérieure (peinture de l'auteur).

En Islam, dans le rite dit « L'Istiqara », on récitait une prière (recommandée par Mahomet) avant de s'endormir. Le sommeil devait ensuite servir à trouver la réponse aux questions à résoudre. De nos jours, d'ailleurs, on conseille de formuler une question sur un papier que l'on place sous son oreiller, la réponse devant venir durant la nuit.

Le *Tcéou-li* (XIe siècle av. J.-C.) dénotait l'importance du rêve à travers les aspects de la lune, du soleil et des étoiles. Mme de Thèbes, dans son ouvrage *l'Enigme du Rêve,* en fait mention également. Elle signale qu'il faut analyser les rêves suivant les planètes auxquelles le dormeur est relié : « La vue d'un serpent, dit-elle, serait très menaçante pour un dormeur Jupitérien ; elle lui présagerait une catastrophe. Ce signe ferait, tout au plus, pressentir un ennui à un Saturnien, une difficulté dont il se tirerait aisément. »

Il est évident que les aspects planétaires ont toujours fortement influencé les hommes, que ce soit à travers leur signe astrologique ou à travers leur position du moment.

Chaque région cherche également à analyser le rêve à travers ses propres croyances. C'est un support nécessaire pour l'être humain qui désire dépasser les portes du connu. C'est pourquoi nous retrouvons, dans le *Lie-Tseu,* ouvrage taoïste, le yin et le yang à la base de la compréhension du rêve. Et c'est peut-être encore un chemin pour aller consciemment dans le sommeil.

Pierre le Loyer, dans l'ouvrage qu'il publia sous le titre *Discours des Spectres, Visions, Apparitions d'Esprits,* nous donne un « art de se rendre heureux par les songes ». Ce n'est peut-être qu'un « insipide fatras de plates extravagances », comme le juge sans indulgence Hervey de Saint-Denis, qui ne possédait pas l'ouverture occulte, mais l'idée est pourtant à conserver, surtout si l'on songe à la méthode qu'employa avec succès Maury. Celui-ci, en effet, a pu constater, au cours de recherches sur les mécanismes du rêve, qu'un bruit métallique avait provoqué chez un dormeur un rêve de tocsin, puis de révolution. Il s'aperçut également qu'une goutte d'eau déposée sur le front provoqua chez l'un de ses dormeurs une succession de rêves : sueur, chaleur, soif. Si l'on considère que le rêve établit ses images à travers la sensation, beaucoup de possibilités s'offrent à nous. Sur cette base, c'est tout un art qui, véritablement, pourrait être créé, un art bien plus complet que les autres car vécu et ressenti. Un homme, incapable, à l'état de veille, de dessiner ne peut-il pas, dans son rêve, concevoir des palais fabuleux ?

Le christianisme, hélas, mit un frein considérable dans l'évolution de la compréhension du rêve ! Seuls, les grands rêves prophétiques, mettant en valeur la religion, étaient considérés comme véridiques. Ces songes, d'ailleurs, étaient interprétés par les Prophètes de manière à renforcer la croyance des fidèles.

Au XIXe siècle, Hervey de Saint-Denis chercha sans relâche à comprendre les mécanismes du sommeil. Il se passionna bien plus d'ailleurs pour le processus du rêve que pour l'interprétation qui en découlait. A treize ans, il entreprit de tenir régulièrement un journal de ses rêves. Pendant plus de cinq années, il y consigna tout ce qui pouvait se rattacher à son sommeil, les impressions qu'il ressentait à son réveil, ainsi que les événements qui l'avaient marqué pendant la journée. Il expliqua d'ailleurs, de cette manière, qu'on pouvait, au bout de quelques mois, pénétrer consciemment dans ses rêves (1). Il ajouta également que la netteté des images perçues en songe dépendait, le plus souvent, de la perfection plus ou moins grande du cliché souvenir originellement formé. Hervey de Saint-Denis avait compris que le rêveur qui observe consciemment le monde magique de ses rêves peut, par-là même, modifier considérablement sa vie active. Malheureusement, il avait refusé toute dimension magique du rêve, et c'est cela qui le mena à une impasse et le rendit répétitif.

Le docteur Desoille adopta une méthode. Elle consistait à soustraire le rêveur de tout effort musculaire et à supprimer toute excitation sensorielle, qu'elle fut d'origine lumineuse ou sonore. Il allongeait ses sujets dans une pièce à demi obscure et attendait qu'ils fussent bien détendus. Ensuite, il suggérait des images en rapport avec le scénario personnel de son patient. Lorsque le mental était libre, le docteur pouvait entrer en contact, sans difficulté, avec « l'inconscient » du sujet.

De nombreux chercheurs ont trouvé que le rêve était, bien souvent, la conséquence d'une altération, soit physique, soit

---

1. C'est-à-dire diriger son double — ou corps subtil — mais cela il ne le savait pas.

psychique de l'individu. Certaines médecines, même, furent conçues sur cette base. Guérir grâce aux rêves est un idéal qui remonte très loin dans la pensée des hommes. L'incubation fut, dans le monde gréco-romain du VIe siècle avant notre ère et jusqu'au VIe siècle de notre ère, un monde de rêves dirigés. Le dormeur se rendait dans un endroit sacralisé afin d'obtenir de son dieu un rêve qui remédierait à ses maux. Le rôle de l'incubation avait, à la fois, un caractère rituel et sacré et ne revêtait pas forcément, à l'origine, un aspect curatif.

Le serapeum de Memphis (Egypte) était célèbre pour ses révélations oniriques. Le rêveur allait y consulter le dieu afin qu'il le conseille sur la voie future qu'il devrait prendre (généralement, on invoquait le dieu Sérapis).

En Epidaure, province de la Grèce, avant de pénétrer dans les temples d'Esculape (le dieu de la médecine), le pèlerin était tenu d'observer certaines purifications : abstinence sexuelle, jeûne partiel, certains aliments étant strictement interdits. Une préparation spirituelle était également requise, car on ne pouvait entrer dans le temple qu'en état de totale pureté.

Quelquefois pourtant, toutes ces précautions ne suffisaient pas. Le temple de Tithorée; en Phocide, était entouré d'un mur, à l'intérieur duquel se trouvait une chapelle d'Isis. Nul ne pouvait y pénétrer avant d'y être invité en songe par la déesse. Il fallait donc, en quelque sorte, pratiquer l'incubation en deux temps.

Une fois parvenu dans les sanctuaires d'Esculape le pèlerin faisait ses offrandes au dieu. La valeur de celles-ci variait d'ailleurs suivant ses moyens et cela pouvait être aussi bien un coq qu'un bœuf, des pâtisseries ou de l'encens. Les prêtres conseillaient et guidaient toute cette foule fervente, entassée à l'intérieur du temple. La nuit venue, on suppliait le dieu de lui accorder ce rêve tant désiré. On s'installait ensuite sur la dépouille de la victime sacrifiée au dieu ou, à défaut, on s'enroulait dans une couverture. Le sommeil engourdissait peu à peu les sens. De grands serpents jaunes, une espèce de couleuvres très répandue dans la région et emblème d'Esculape, rampaient parmi les dormeurs, tandis que les volutes de fumée s'échappaient des encensoirs. L'ambiance mystique du lieu était encore accentuée par l'attente commune de la vision tant recherchée. Alors, le dieu apparaissait et indiquait au consultant un mode de guérison. Il

Le Monde des Fées dans le rêve (dessin de l'auteur).

s'agissait, bien souvent, de régimes à suivre, de traitements à employer, d'actes religieux à accomplir ou bien d'offrandes à lui faire.

Il y eut, si l'on en croit les écrits de cette époque, beaucoup de guérisons. Pour nous, contemporains à l'esprit cartésien, ce mode de médication peut sembler fantasque, mais n'est-ce pas notre scepticisme qui, bien souvent, oppose des barrières à la réalité ?

Dans les inscriptions retrouvées à Epidaure, on parle d'un malade qui rêve qu'il est guéri de sa cécité et de sa paralysie et, le lendemain, il voit et il marche. Un autre, couvert de poux, rêve que le dieu l'en débarrasse et, le lendemain, il est délivré. Le rêve, en lui-même, est bien souvent thérapeutique.

Aelius Aristide, philosophe du IIe siècle av. J.-C., reçut d'Esculape un curieux message : le dieu lui demandait d'aller se baigner, en plein hiver, par un froid glacial, dans le Médis. Aelius obéit au message, convaincu de la sagesse du dieu, et il n'en eut aucun problème. L'eau tenait d'ailleurs un rôle important dans les guérisons.

A Dendérah, près du temple d'Hathor, il existait un sanctuaire où ruisselait de l'eau sur les quatre faces de la déesse. Cette eau coulait jusqu'au corridor où étaient réparties les cellules des dormeurs et possédait un pouvoir curatif.

Chaque temple obéissait à ses lois. Dans le sanctuaire d'Epidaure, il était interdit d'y venir mourir comme de naître, ce qui n'était pas sans poser de grands problèmes pour les malades sérieusement atteints. Antoine, heureusement, améliora le sort de ces malheureux en faisant bâtir près du temple une demeure qui servit de refuge aux mourants et aux femmes enceintes.

L'incubation chrétienne ne fut qu'une conséquence de l'incubation primitive. A partir du IVe siècle, on voit des martyrs remplacer les dieux. Dans les églises, le soir, les malades s'entassaient près de l'autel ou du tombeau de l'élu. Fatigués par les jeûnes, épuisés par les privations, certains entraient en extase. Ceux qui priaient écoutaient attentivement le moindre bruit, espérant entendre la voix du saint. Lorsque celui-ci apparaissait, il faisait une croix sur la partie malade du dévot. Une vive douleur atteignait alors ce dernier, ses muscles se relâchaient et, lorsqu'il s'éveillait, il était guéri.

Lorsqu'il s'agissait d'un songe, le malade voyait la basilique s'illuminer : le saint venait célébrer la messe. Au réveil, la guérison était assurée. Le rêve pouvait être effrayant. Le malade, alors, appelait le saint au secours qui l'aidait à recouvrer la santé.

Quelquefois, il était nécessaire de faire plusieurs rêves pour obtenir un résultat. Certains patients attendaient la réponse durant des mois, voire des années, ce qui, d'ailleurs, ne les décourageait pas. Dans ce cas on installait les malades à l'intérieur de cellules destinées à cet effet.

L'incubation chrétienne ne fut qu'une dégénérescence de l'incubation antique car les prêtres chrétiens ne possédaient pas les connaissances médicales acquises par ceux des temples antiques. Peu à peu, elle se dégrade et aboutit à des pratiques superstitieuses. Pourtant, pendant des siècles, elle avait été un des éléments primordiaux de la vie des hommes. D'ailleurs, certains peuples en ont gardé la tradition.

Au Japon, de nos jours encore, les malades vont dormir dans les sanctuaires dédiés à Yakushi, « Maître de la Guérison ». Ils pensent le voir durant leur sommeil sous l'apparence d'un saint moine.

Les pèlerins des temples antiques, qui défilaient par milliers pour recevoir un conseil ou une guérison, avaient, sans le savoir, bien saisi le sens de notre proverbe « La nuit porte conseil », parce que c'est la nuit que descendent certains dieux et déesses pour se manifester à l'homme, le jour faisant écran. C'est également la nuit que l'homme, abandonnant son corps, mène sans le savoir une vie intensément magique dans des mondes qu'il ne peut ni banaliser ni coloniser.

Dans le rêve, comme dans l'état de veille, le **miroir** est le passage d'entités issues de divers plans de l'astral.

3

Les origines magiques du rêve

1. La mentalité magique

La conception du rêve, chez les peuples dits primitifs, est essentiellement magique. Pour le primitif, ou pour l'homme considéré comme tel par l'homme moderne, le monde visible ne se suffit pas à lui-même. Il s'y ajoute la projection atténuée, assombrie, d'un monde invisible dont l'homme profane ne pourra jamais imaginer la portée.

Encore imprégné de la sève spirituelle des anciennes races, le primitif, dont l'âme n'est pas encore suffisamment rivée au corps, garde ce Sentir et ce Voir qui lui viennent des lointaines aubes humaines. Perceptions et sentiments, objectif et subjectif sont chez lui inextricablement mêlés. Sa supersensitivité, qui lui permet encore de capter le rythme intérieur des choses, fait que son attention va directement à l'invisible en se servant des moyens du visible.

Ce n'est pas en nous substituant en imagination à ces hommes dits primitifs dont la mémoire cellulaire garde encore l'empreinte des anciens pouvoirs occultes, maintenant dégénérés, que nous pouvons juger de leur démarche. Ce n'est pas, non plus, en ramenant tout sur le plan du symbole ou de l'allégorie, que nous pouvons démontrer et expliquer ce qu'est réellement l'univers magique du « primitif ».

Pour l'homme de mentalité magique, le monde que nous avons sous les yeux n'est que la projection matérialisée des forces issues de l'Invisible Universel. Ces forces sont d'ailleurs douées de conscience dont chaque être, chaque forme de ce plan-là, porte la signature.

C'est par le rêve que l'homme forme et développe son corps subtil ou double (le Ka des Egyptiens) car il est imprégné des forces de l'âme. Le sommeil n'est que la sortie de ce corps subtil ou double vers les mondes parallèles.

Relié au corps par des liens fluidiques, ce double va puiser des forces dans certaines zones du plan cosmique, forces permettant au corps physique et au corps éthérique usés par l'état de veille de se régénérer. De plus, ce double possède plusieurs facultés, notamment celles de changer de forme, de voyager dans le temps et l'espace et de se démultiplier. Dans le sommeil, la partie supérieure du Moi va se fondre dans le double tandis que sa partie inférieure reste rattachée à l'ombre, cette autre entité qui demeure dans le corps dans son état de sommeil, assurant ainsi son gardiennage. De plus, le corps possède plusieurs entités organiques surnommées « petites âmes » ayant chacune une intelligence et une certaine autonomie, et étant toutes en étroite corrélation. Ces entités sont principalement au nombre de cinq (bien qu'il y en ait aussi des mineures) et résident dans le cœur, les poumons, le foie, la rate et les reins. Les organes sexuels sont également la demeure d'une entité double très puissante placée principalement sous l'influence du tellurisme.

Ces entités suscitent également lors du sommeil, des rêves en rapport avec l'état des organes qu'elles animent, surveillent et protègent. Ainsi l'entité du foie liée aux imaginations favorisera les rêves initiatiques.

La maladie est souvent due à la faiblesse, à l'éloignement ou à la perte d'une de ces entités facilitant ainsi l'invasion des forces mauvaises. Lors du sommeil, l'âme, ce souffle ou cette étincelle divine, tend à se rapprocher de son centre céleste que tout homme porte inscrit en lui, suscitant ainsi de grands rêves magiques.

En résumé, le rêve est dû non seulement à une vibration de l'âme, mais également à la sortie du corps subtil — ou double — qui permet au rêveur d'entrer en contact avec les mondes parallèles. Il est dû aussi à l'action de ces fameuses entités organiques, d'où les différents niveaux d'énergie dans le rêve.

Il s'agit donc, en fait, d'une mentalité qui, si elle apparaît à l'homme actuel incohérente, voire naïve, n'en possède pas moins

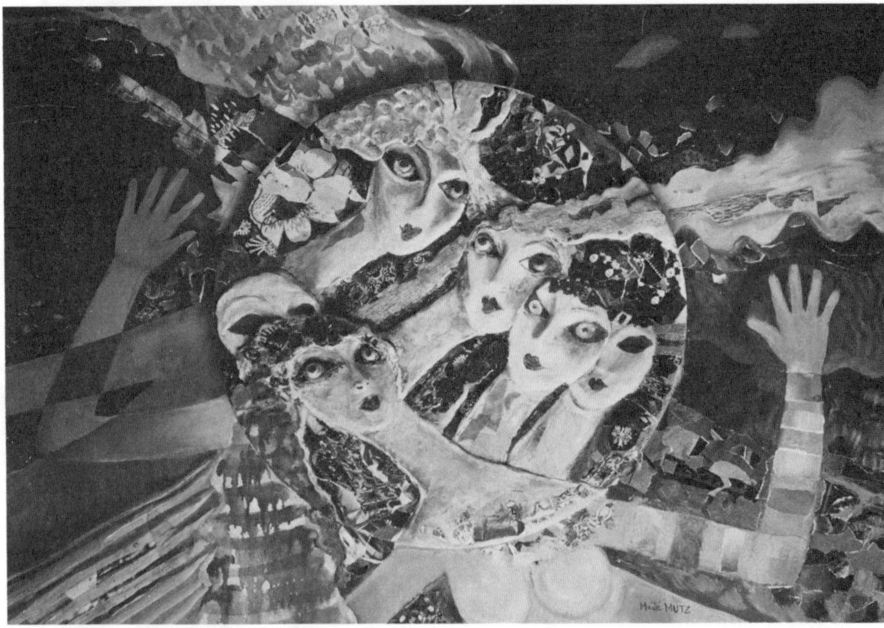

Le rêve est un moyen d'entrer en communication avec le monde invisible (peinture de Maïté Mutz).

une profondeur, une grande unité, tout en se prolongeant très loin, au-delà du réel. Le rêve est donc, pour l'homme de mentalité primitive (disons plutôt de mentalité magique), non seulement le retour à une vie plus vraie que celle que nous vivons, mais aussi le moyen d'entrer en communication avec les esprits et les dieux.

Pour lui, les rêves peuvent lui être dépêchés par chaque élément, que ce soit la Terre, l'Eau, l'Air ou le Feu et même la Lune, le Soleil et les Planètes.

Ce n'est pas avec ses conceptions intellectuelles et abstraites du monde ou des mondes que l'homme actuel peut juger de la mentalité primitive qui, bien qu'ayant perdu beaucoup de sa profondeur, garde encore sa filiation avec l'homme magique des grands lointains (1). Cet homme-là, dont l'âme flottait encore

1. Je ne peux m'étendre sur ce sujet car il sortirait du cadre de ce livre. Je parlerai de cet homme magique des grands lointains dans un prochain ouvrage.

autour de son corps, possédait la vue astrale grâce au développement de son œil frontal, appelé aussi troisième œil. Mais l'enfouissement de la glande pinéale, cet œil central de l'âme (2), dans le cerveau au cours des âges, a fait perdre à l'homme sa vision des autres plans et la perception subtile des rythmes de l'univers.

Ce double, dont n'a plus conscience l'homme profane, peut prendre toutes sortes de formes, y compris celle de nous-mêmes.

Doué d'un fantastique pouvoir de métamorphose (3), le double va vivre alors, dans le temps du sommeil du corps, des aventures plus ou moins révélatrices, plus ou moins initiatiques, souvent destinées à apporter une connaissance ou un enseignement pour la conscience diurne de l'homme. Seule, demeurera dans le corps l'ombre qui, reliée au tellurisme, assurera au corps sa prise de terre (4) et lui permettra de rester vivant en le vitalisant. De plus, l'ombre agit sur le système nerveux et respiratoire.

Tout comme le chaman qui a expulsé son double (5) hors de son corps lors de sa transe extatique, le corps du dormeur, devenu vacant par échappée de ce double, sera investi par différents esprits qui se serviront surtout de la voie du souffle pour pénétrer en lui. L'état physique du dormeur, son degré vibratoire, son rythme sanguin attireront des esprits en conséquence.

Une personne aux pensées saines, ou baignant dans un milieu imprégné de bons effluves, sera moins la proie de mauvais rêves (entités) qu'une personne soumise à de mauvaises influences, d'où la nécessité de se purifier l'Imagination avant de s'endormir.

*

* *

---

2. L'imagination est l'œil de l'âme, une survivance de la vision centrale que possédait l'homme magique des grands lointains, sorte de miroir dans lequel se reflètent les images des mondes visibles et invisibles. Ne pas confondre Imagination et Etat imaginatif. D'ailleurs, il y a deux sortes d'imaginations : l'une profane, l'autre sacrée.
3. *Histoire de Pouvoir,* de Carlos Castenada (Gallimard).
4. *Dictionnaire du Fantastique,* de Jean-Louis Bernard (Ed. du Dauphin).
5. *Chamanisme et Chamans,* du même auteur (Belfond).

2. Le monde des esprits

Ces esprits, qui vont des génies aux larves (6), puisent souvent dans la mémoire du rêveur et dans ses centres d'énergie subtile (chakram) l'éther psychique et la matière vibratoire dont ils se serviront pour prendre, tout comme le double lors de ses métamorphoses, une apparence familière ou dramatique, afin de mieux impressionner la mémoire onirique du dormeur qui pourra ainsi plus facilement tirer une leçon ou un enseignement de son rêve.

« J'ai rêvé de mon oncle, me raconta un jour quelqu'un, mais il était beaucoup plus fort et plus imposant que dans la réalité. Lui qui n'aimait pas la couleur rouge portait un gros pull rouge vif. Il avait aussi les cheveux plus longs et plus blonds. Bien que, dans la vie courante, il n'ait jamais manifesté beaucoup d'attention et de tendresse à mon égard, je le voyais dans mon rêve, moi qui étais redevenu un enfant, me prendre dans ses bras et me soulever dans les airs pour que je touche de la main la branche d'un pommier en fleurs, ce que je fis avec un profond ravissement intérieur. »

L'homme qui avait fait ce rêve relevait d'une grave maladie nerveuse et il était pour lui de bon augure puisqu'il signifiait, dans son ensemble, guérison, élévation spirituelle. De plus, redevenir enfant, un enfant sain quand on a été malade, est un retour à la régénération, tandis que le pommier, cet arbre initiatique, est une promesse d'évolution et de protection, car il est considéré, dans la tradition celtique, comme l'arbre de l'Autre Monde. C'est aussi l'arbre dont le fruit est, dans le rêve, encore à l'état de fleur.

Bien que s'expliquant par un symbolisme au premier degré, ce rêve a un plus grand retentissement sur la psyché du rêveur. Il traduit l'intervention d'un esprit guérisseur, de son guide peut-être, qui a revêtu, en mieux, l'apparence d'un homme froid et négatif, cela afin de lui prouver que toutes les forces hostiles seront désormais, pour le rêveur, transmutées en forces positives et agissantes, mais à condition que celui-ci le veuille bien car l'homme, même confronté aux forces supérieures, garde toujours la liberté de choisir.

---

6. Esprits errants issus du Bas-Astral et se nourrissant de formes pensées vicieuses.

L'oncle était, dans le rêve, comme une énergie positive qu'avait attirée à lui le double du rêveur.

Dans le culte Vaudou, l'intervention des esprits se manifeste souvent par l'apparition, dans le rêve, de personnes que l'on connaît plus ou moins bien, dont l'aspect est plus ou moins familier, mais ces esprits offrent des différences — pour la plupart minimes — avec ceux dont ils empruntent l'identité pour se présenter au rêveur. C'est un détail dans le vêtement, le geste ou les attitudes. Il reste au rêveur à ne pas se laisser abuser par ces fausses ressemblances, et à témoigner d'une certaine vigilance onirique, ainsi que le font les tenants de cette religion.

Ces Esprits du rêve agissent parfois de façon menaçante et même dangereuse, car ils peuvent, alternativement, assumer toutes sortes d'états et de fonctions, passant, selon la qualité psychique du rêveur, d'un état positif à un état extrêmement négatif, prenant parfois des aspects inquiétants, voire monstrueux, surtout si le double du rêveur s'égare dans les zones du bas astral. Ils cherchent souvent à s'en emparer pour le blesser (7) ou le tuer, quoique, parfois, ils agissent dans un but initiatique, notamment chez les candidats chamans qui doivent connaître le dépècement et le remembrement de leur corps, de même que la mort et la résurrection mystique. Cela se fait soit en rêve, soit en astral, ce qui n'est pas tout à fait pareil, le rêve étant une zone crépusculaire de l'astral. Le novice doit changer son corps au profit d'un corps magique, c'est-à-dire d'un corps possédant les pouvoirs du monde invisible et pouvant s'adapter à lui. Mais, en dehors de cet exemple, s'il arrive que le double d'un dormeur soit attaqué par des mauvais esprits ou par d'autres doubles vampiriques issus de personnes endormies, il ne pourra leur échapper que par la réintégration immédiate de son double dans son corps. S'il peut se ressaisir, il se réveillera alors en sursaut, l'esprit sidéré, l'angoisse au cœur et il risquera, dans les jours qui suivent, de souffrir de déperdition fluidique et de tomber gravement malade. Mais si jamais son double est tué, il mourra, soit immédiatement (généralement d'une crise cardiaque ou

7. Les blessures du rêve se traduisent sur le plan de veille, sous forme de maladies.

d'une hémorragie cérébrale), soit dans un délai n'excédant pas un an, de maladie ou d'accident, etc.

Ces esprits mauvais et ces doubles vampiriques, dont nous aurons à reparler au cours de ce chapitre, attaquent souvent le double des personnes angoissées, suicidaires, déséquilibrées, afin de se nourrir de leur force magnétique qu'ils emportent avec eux pour l'investir dans leur action (8).

Si les liens fluidiques qui relient le double au corps sont très ténus, celui-ci sera, pour ses persécuteurs, une proie plus facile. Mais il arrive aussi que des doubles de dormeurs soient vampirisés, sans que cela provoque de conséquences plus graves qu'une fatigue régulière et constante. Parfois aussi, les doubles s'allient entre eux.

Selon l'état de conscience de la partie du Moi qui l'a rejoint dans le sommeil et qu'il emportera dans les régions cosmiques pour la régénérer, le double, allégé ou appesanti, doit traverser des zones plus ou moins élevées de l'astral.

Si la conscience du Moi que le double transporte, comme fondue en lui, est dysharmonique, elle entre en contact avec d'autres consciences issues du bas astral. Des monstres sont suscités ; des entités vampiriques, des larves, des doubles errants, des ombres, des formes-pensées, etc., attirés par le magnétisme du double, se précipitent sur lui pour l'empêcher d'atteindre les plans élevés et régénérateurs.

Si le double est capturé par les mauvais esprits, le rêveur risque la mort. Ces esprits attaquent souvent le double des personnes malades, dont les liens fluidiques le rattachant au corps se sont considérablement amincis. Si le double alimente le corps d'une nourriture cosmique puisée dans le plan sidéral, l'ombre pourvoit celui-ci d'une nourriture tellurique, d'où l'importance, pour l'homme en quête de rêves magiques, de dormir à même le sol, car la terre est à même de lui transmettre des pouvoirs (9).

Un mauvais réveil provient presque toujours d'une mauvaise réintégration du double, de sorte que le psychisme reste encrassé par les scories de la nuit. En ce cas-là, il faut boire au

8. *Dictionnaire de l'Insolite et du Fantastique*, de Jean-Louis Bernard (Ed. du Dauphin).

9. Il s'agit ici de pouvoirs magiques et non profanes. Pouvoirs, dans le sens d'augmenter sa puissance psychique.

lever un verre d'eau pure et fraîche qui fera circuler toutes les invisibles impuretés.

Il se peut aussi qu'un choc, un réveil trop brutal devienne parfois dangereux, sinon mortel, pour une personne dont le double est projeté très loin hors du corps. La réintégration de ce double s'opère alors si rapidement qu'il y a risque d'accident cardiaque, car le cœur est le régulateur du double.

Il arrive d'ailleurs que l'on doive, souvent, secouer très fortement une personne profondément endormie pour la réveiller. Les secousses provoquées permettent de faire vibrer les liens fluidiques qui relient le corps au double et de prévenir celui-ci d'avoir à revenir dans son logement de chair.

Dans le *Traité des Influences Errantes* (10), rare opuscule de science initiatique chinoise, il est question du Mâ, esprit qui marche la nuit et qui est considéré comme un conducteur de maladies. Ainsi, il est écrit : « De mois en mois, l'esprit marche et se promène la nuit. Ceux-là qui marchent la nuit, il faut se les concilier. »

Et encore : « Néanmoins le sage a confiance ; il travaille, pense toujours et sait que la nuit froide, l'esprit glacé et errant voltige autour de lui. C'est un danger pour l'homme sain. La nuit, il donne mauvais sommeil et lui envoie la tristesse, commencement de la maladie (11). »

Les indigènes de la côte occidentale d'Afrique distinguent, entre l'homme vivant, le Kra et le Sahman (12). Ce dernier se manifeste à la mort du premier dont il poursuit l'existence au pays des morts. Le Kra ne lui appartient pas vraiment, car il a été, à la naissance, le Kra d'autres personnes et, à leur mort, il sera celui d'autres êtres. Bien que le Kra ne soit pas l'âme individuelle, il se confond avec l'individu puisque les rêves constituent les aventures du Kra.

Les noirs de Calabar admettent quatre âmes : celle qui survit à la mort, l'ombre sur le chemin, l'âme de la forêt et l'âme du rêve auxquelles ils sont mystiquement unis.

---

10. *Traité des Influences Errantes*, traduit par Matgioï, 1893 (Editions Rhêa).

11. L'homme atteint du germe MÂ se couche bien portant et se réveille en sursaut, au milieu de la nuit, l'esprit plein d'inquiétude et de tristesse.

12. *La Mentalité primitive*, de Charles Blondel (Editions Stock, 1926).

Le monde des esprits. Déva (peinture de l'auteur).

Chez certaines tribus du massif altaïen, on dessine, au-dessus des berceaux, un oiseau-esprit protecteur, destiné à ramener dans le corps de l'enfant son âme du rêve quand celle-ci s'est égarée dans la forêt.

Le Mazzeru Corse est un personnage doté de redoutables pouvoirs oniriques et nullement mythiques (13). Poussé par une force irrésistible, il possède la sinistre faculté de se dédoubler pendant son sommeil et d'aller se poster, seul ou avec d'autres Mazzeri, au bord d'un cours d'eau (l'eau étant l'élément attractif des esprits par excellence) et d'y guetter sa future victime. Celle-ci peut être une personne de son village ou même de sa famille et dont le double lui apparaît sous forme d'un animal (chien, sanglier, brebis...) qu'il tue avec une arme. Quand le Mazzeru retourne la bête, il reconnaît, à la tête dessinée sur celle de l'animal, le vrai visage de sa victime qui, elle, mourra dans un délai de trois jours à un an (14).

Les Mazzeri ne sont pas tenus pour responsables de leurs actes, car ils sont poussés par une force inconsciente, au contraire des « Streie » qui sont des êtres maléfiques, dont le double emprunte la forme d'un animal (chat, belette...). Ces Streie vont sucer le sang des enfants dans les maisons, que ce soit de jour ou de nuit. Les enfants attaqués par elles tombent malades et meurent.

Les Streie peuvent pénétrer également dans le rêve des enfants et des hommes pour aspirer leur vitalité (15).

Assez souvent, et cela vaut la peine d'être noté dans les annales du rêve, les Mazzeri des villages rivaux vont s'affronter sur les hauteurs qui séparent leurs territoires (crêtes, cols) et se livrent, de doubles à doubles, de redoutables combats, la nuit du 31 juillet au 1er août. Dans l'année, la mortalité sera très forte dans le village perdant et presque nulle dans le village vainqueur.

---

13. G. Ravis Giordani : *Signes, Personnages et Conduites de l'entre-Vie et Mort* ; colloque du Centre d'études corses - 1976 (Roccu Multedo). *Le Mazzérisme et le folklore magique de la Corse* (Cervione, 1975).

14. C'est aussi par le cri poussé par l'animal blessé que le Mazzeru identifiera sa victime.

15. Il existe aussi des hommes dotés de ces sinistres pouvoirs et appelés Surpatori (de *surpa* : sucer, aspirer, humer).

La confiance que les hommes dits de mentalité primitive accordent aux rêves est telle qu'ils appliquent scrupuleusement, dans le réel, ce qu'ils ont rêvé la nuit. Par exemple, un Indien rêve qu'il a été mordu par un serpent. A son réveil, il se fera soigner comme s'il avait été effectivement mordu (16). En fait, son double a subi la morsure d'un mauvais esprit ayant pris la forme d'un serpent pour lui inoculer un invisible venin qui produira, peu à peu, son effet s'il n'est éliminé auparavant.

Une personne avait rêvé qu'elle tirait de la vase une sorte de couleuvre qui, en fait, était un serpent venimeux ayant pris cette inoffensive apparence pour mieux la surprendre. Ce serpent piqua cette dernière à la face externe du bras, à l'endroit du coude. Peu de jours après, la personne qui avait fait ce rêve contracta la parathyphoïde après avoir bu imprudemment de l'eau polluée.

Bien entendu, elle se fit sérieusement soigner par la médecine courante, mais sans d'appréciables résultats, faisant rechutes sur rechutes. Sur les conseils d'un de ses amis, elle alla voir un homéopathe et acupuncteur qui pratiquait l'art des aiguilles selon l'ancienne science magique chinoise, en tenant compte de tous les facteurs subtils. Il lui enfonça une aiguille juste au point où l'avait mordue le serpent dans son rêve. Très surprise, cette personne se souvint alors de son rêve et fut rétablie, grâce à cette séance, dans les jours qui suivirent.

Ce rêve peut s'interpréter sur plusieurs plans. Magiquement d'abord, le serpent (17) est dans ce rêve l'incarnation et la manifestation d'une entité mauvaise (18) qui frappe le double du dormeur, car le monde astral tout comme le monde terrestre n'est pas dépourvu de pièges. Sur le plan symbolique il sera curieux de constater que les Chaldéens utilisaient le même mot pour signifier à la fois « vie » et « serpent », de même qu'en arabe le serpent se

16. *La Mentalité primitive*, Ch. Blondel (Editions Stock, 1929).

17. Rêver de serpent signifie également sur le plan magique : fécondité. Souvent des esprits qui désirent s'incarner suscitent chez les femmes des rêves de serpents. Nombre de traditions parlent du serpent en tant que maître des femmes et, en certains pays, on rendait fécondes les femmes stériles en les imprégnant, selon des rites particuliers avec l'astral du serpent, considéré dans la connaissance primitive comme le plus vieux dieu-créateur capable d'unir les forces du ciel et de la terre.

18. Les démons, ou esprits mauvais, sont issus du souffle du yin.

dit el *« hayyat »* et la vie el *« hayat »*. Or, ne l'oublions pas, la vie du rêveur fut par la suite gravement mise en danger.

Le serpent symbolise aussi l'intestin grêle du rêveur. Il est une énergie dangereuse, réveillée, et qui se retourne contre le sujet en le mordant à un point correspondant à l'un des méridiens en relation avec les intestins, le prévenant ainsi qu'il doit se faire exorciser de sa future maladie et, qui plus est, lui donnant ainsi une précision rigoureuse de l'endroit de son corps par où elle peut être extirpée. Le serpent agit ici comme ennemi et « médecin » et sa signification, si elle n'est pas comprise, peut entraîner des troubles très graves. La preuve en est que, dans ce rêve, il montre le dégagement d'une puissance hostile qui peut tuer mais qui, en même temps, porte la clé de la guérison. Telle a toujours été, d'ailleurs, l'ambivalence du serpent, dont le venin soumis à la Connaissance peut devenir remède.

3. Le rêve magique

Les primitifs, dont le Sentir et le Voir n'ont pas encore été érodés par la civilisation, conservent une certaine science du monde onirique telle que les Anciens la possédaient. Du monde du rêve, ils prennent non seulement une grande part de leur connaissance magique, mais aussi une connaissance médicale. Le rêve est, pour eux, à l'origine des liturgies : c'est le rêve qui donne le nom aux enfants, qui désigne le chaman, le sorcier, le guerrier, le chef qui décide, ordonne, crée les tabous, aide ou condamne. Le rêve est la voix des Ancêtres, des Esprits, des Dieux. La disponibilité de leur esprit et de leur foi leur font considérer le monde du rêve comme plus véridique que ce monde-ci, dans lequel se stérilise l'homme actuel en s'enfermant dans des théories et des systèmes qui tentent d'expliquer, à leur façon, le fonctionnement de la vie de l'homme dans l'univers.

C'est d'ailleurs d'une façon très superstitieuse que le rationaliste reste attaché à la raison. Si, pour ce dernier, le rêve est une manifestation hygiénique du cerveau, un chaos de fantasmagories qu'il faut ordonner, classer sous l'étiquette d'un symbolisme dégénéré, une forme d'anticipation surgissant dans l'inconscient de l'activité consciente du futur, selon Jung, l'expression d'un désir refoulé d'après Freud ou de constructions fictives dans le

Rêve de serpents (dessin de l'auteur).

temps de veille selon Edgard Morin, il est, pour l'homme de mentalité magique, un moyen d'accéder à un état supérieur, de communiquer avec les forces de l'Invisible Universel, de prévoir l'avenir, de revoir le passé, car le rêve, s'il nous donne parfois des notions aiguës de temps ou de lieux pour nous faire prendre conscience de la dimension spirituelle des choses, n'est, dans l'absolu, inféodé à aucune sujétion spatio-temporelle. C'est par le rêve que les dieux, les esprits et les désincarnés nous apparaissent, nous parlent et nous inspirent selon notre élévation spirituelle, selon les aliments que nous aurons pris dans la journée, selon l'endroit où l'on dormira et avec qui l'on dormira.

Les Forces Invisibles ont le pouvoir de se loger en toutes choses et de se manifester n'importe où et n'importe quand, que ce soit dans le temps de veille, sous forme d'images, de visions, voire d'hallucinations en cas de défaillance ou d'excitation de l'organisme, ou dans le temps du sommeil.

Il arrive que de nombreuses personnes rêvent, dans la même nuit, de la même entité, qu'elle soit d'essence divine ou démoniaque (19), car toute puissance extra-humaine, supérieure ou inférieure, a le pouvoir de se démultiplier et de prendre autant d'apparences qui lui correspondront. Mais, plus notre âme est élevée, plus cette entité nous apparaîtra pure, bien qu'étant souvent, pour nous, trop chargée énergétiquement. Elle ne nous montrera jamais sa véritable « réalité ». Rêver d'une intense lumière est une des manifestations d'une Divinité Supérieure, bien que cela puisse être aussi l'expression d'une force mauvaise, selon la qualité et, surtout, « l'idée » qu'exprimera cette lumière. Rêver aussi d'un éclatement de lumière peut être dû à un dysfonctionnement du chakra coronal (20).

Dans le livre du *Zohar* (21), livre inspiré et orienté

---

19. Les divinités, qui sont la projection d'une essence supérieure, peuvent présenter plusieurs aspects selon notre niveau de conscience et, surtout, notre état de pureté et de réceptivité.

20. Chakra situé à la partie supérieure de la tête.

21. *Zohar* (Livre de la Splendeur qu'on intitule aussi Livre de la Lumière), attribué à Rabbi Siméon et à son fils Rabbi Eléazar. Ce livre, considéré par ses adeptes comme un ouvrage égal en sainteté à la *Bible* elle-même, fut, paraît-il, inspiré et écrit dans une grotte. Le *Zohar* est la somme des doctrines et enseignements cabalistiques, tels qu'ils apparaissent dans la pensée juive du Moyen Age.

mystiquement, il est écrit ceci à propos du rêve, dans le passage intitulé *les Nuits de l'Homme :* « Remarquez que, lorsque l'homme se met au lit, son âme le quitte et s'élève ; mais, si toutes les âmes quittent ceux qui dorment, toutes ne parviennent pas à voir le visage du Roi Céleste. Lorsque l'âme quitte le corps elle n'y laisse que son ombre, le strict nécessaire pour maintenir la vie du corps. Elle cherche ensuite à s'élever vers le lieu de son origine, elle parcourt de nombreuses régions en montant d'échelle en échelle ; sur son parcours, elle vient en contact avec les puissances impures qui entourent constamment les régions sacrées. Si l'âme qui monte est pure et si elle n'a commis, le jour précédent, aucun acte susceptible de la souiller, elle s'élève au-dessus de ces puissances impures et parvient à atteindre son but. Mais, si elle est impure, elle est arrêtée en chemin par les puissances impures et ne peut alors s'élever plus haut. »

« Pendant qu'elle est arrêtée dans les régions des puissances impures, celles-ci lui font prévoir les choses d'un avenir prochain et, parfois aussi, elles se rient d'elle et lui font voir des choses mensongères. L'âme reste ainsi mêlée aux puissances impures durant toute la nuit, jusqu'au moment où l'homme se réveille ; à cet instant, elle retourne à sa place. »

Cet exemple nous donne une bonne illustration de la conception mystique du rêve, qui, bien qu'ayant des variantes avec celle du primitif, a pourtant ceci de similaire : la sortie du double pour certains, de l'âme pour d'autres (22).

C'est dans la tradition, dans les anciens récits, dans ces archives universelles nommées, à tort, des légendes, dans les vieux contes que l'homme pourra retrouver sa véritable identité, son identité magique. Pour cela, il devra sortir de sa cristallisation intellectuelle et dépasser la conception du symbole qui, bien qu'étant énergétique, n'en reste pas moins assez abstrait. Là, dans ces mondes émerveillés et émerveillants, riches d'enseignements, il s'apercevra que la métamorphose est le propre du double, une métamorphose qui a sa raison d'être, son sens occulte profond. Cette métamorphose, les races anciennes, ces races magiques des grands mondes disparus tels que Mû, l'ont connue, pas seulement

22. Bien que souvent confondu avec l'âme, le double n'est pas l'âme, mais une émanation de celle-ci.

sur le plan du double, mais sur le plan physique, car, placées dans un monde saturé de psychisme, chargées de sève éthérique, elles avaient, de par la force de leur pensée, le pouvoir d'agir sur les molécules de leur corps, d'où cette survivance de la métamorphose que l'on retrouve dans toutes légendes et traditions magiques.

C'est par la voie du rêve, entre autres, que le chaman, qu'il soit altaïen ou amérindien (23), accède à sa fonction d'homme-médecine, de guérisseur et de guide des âmes car, pour lui, c'est surtout par la voie du rêve que lui viendra son enseignement donné par un ou des instructeurs surnaturels. Ces instructions venues du rêve (24), il devra les appliquer scrupuleusement dans la « réalité », sous peine de possession, de troubles graves, de maladies, voire de mort.

C'est donc, soit en astral, soit en rêve que le futur chaman subira son dépècement initiatique, dépècement suivi d'un remembrement destiné à pourvoir le postulant d'un nouveau corps magique qui lui donnera, non seulement une endurance nerveuse extraordinaire, mais aussi une certaine insensibilité à la douleur. Avec ce corps neuf, imprégné des fluides magiques issus de l'éther, il pourra également capter les ultra-vibrations et incorporer les mauvais esprits qu'il brûlera avec la chaleur magique qu'il aura développée.

Par la voie du rêve, le chaman recevra les informations nécessaires à la fabrication de sa robe d'esprits, pourvue de ronds en fer troués, de clochettes, de tortillons, etc., robe qui figurera, le plus souvent, la forme d'un oiseau.

La fabrication des tambours, le bois et le lieu où elle doit se faire, passe le plus souvent par la voie du rêve chez les chamans. Il en est ainsi de nombreux accessoires magiques. Souvent, des chants initiatiques, et notamment le chant secret du pouvoir propre à chaque chaman, lui seront aussi communiqués en rêves. C'est encore par le rêve que se manifesteront à lui des animaux, ou plutôt des esprits animalisés, représentant les différentes familles animales totémiques, auxquelles furent reliés d'une façon occulte nos ancêtres.

---

23. Jadis, il existait un chamanisme celte. Rare est la survivance de ce chamanisme en Europe.

24. On pourrait dire « enseignements » mais, en fait, il s'agit plus d'instructions que d'enseignements.

L'animal, c'est avant tout l'Instinct dans tout ce qu'il a de plus suraigu, le Voir ou le Sentir, l'Ecoute aussi. Par ses organes sensoriels très développés, il perçoit et capte toutes sortes d'informations, d'influences, de signes, de signaux, que l'homme ne pourra jamais recevoir. Pour beaucoup de sociétés primitives, l'animal était présent sur terre bien avant l'homme ; on l'appelait l'Ancêtre et nous portons, selon l'entité totémique à laquelle nous sommes encore reliés, la présence, l'empreinte, la signature astrale de tel ou tel animal, si ce n'est de plusieurs, desquels nous possédons les pouvoirs.

Etre contacté en rêve par un animal, et non voir des animaux en rêve, ce qui n'est pas pareil, c'est souvent retrouver sa filiation astrale. Cette filiation sera plus ou moins puissante, plus ou moins bonne selon la qualité de l'animal qui se présentera au rêveur.

Pour le Yakoute, l'ours sait tout, entend tout et, surtout, a une très bonne mémoire. Les chasseurs sibériens lui donnent plusieurs noms car il porte en lui le savoir malicieux des esprits de la forêt. Il est aussi très réceptif au tellurisme. Grâce aux puissants chakram de la plante de ses pieds, il capte tout ce qui vient du sol. Les Sibériens disent qu'il est « l'oreille de la terre ».

A cause de sa puissante perception auditive, ils ne le nomment jamais sous son nom véritable car ils pourraient être entendus de lui ou de son double. Vieillard, Grand-mère, Grand-père, Oncle, le Maître de la Forêt, etc., tels sont les surnoms sous lesquels on le désignera.

Un chaman téléoute raconte que, peu de temps avant que lui soit signifiée sa vocation, il rêva qu'il se rendait dans une grotte et y découvrait le squelette déjà ancien d'un ours (25).

Quelque chose qui luisait sur le sol relativement loin de la dépouille l'incita à se pencher ; c'était l'une des griffes de l'animal. Il la ramassa et eut comme une illumination. Il venait de découvrir, toujours en rêve, qu'il allait changer de vie et que cette griffe lui donnerait non seulement protection, mais aussi le pouvoir d'accomplir de grandes expériences magiques : se déplacer dans les autres plans, combattre les mauvais esprits et

---

25. Récit recueilli par l'auteur.

surtout, guérir certaines maladies en l'appliquant sur les zones concernées du corps. Ces pouvoirs n'opéraient qu'à la seule condition qu'il tînt la griffe à une certaine hauteur. Soudain, au cœur de son rêve, il sentit la présence invisible de l'ours peser sur lui et cela lui fit une telle impression qu'il se réveilla affolé. Il ne put retrouver le sommeil cette nuit-là. La vision de son rêve perturba son esprit pendant plusieurs jours, au point que cela l'empêcha de dormir. Il alla consulter un vieux chaman et lui raconta son rêve. Celui-ci lui dit d'attendre car il obtiendrait bientôt d'autres éclaircissements soit en rêve, soit à l'état de veille. Après ces révélations, le vieux chaman apprit à son visiteur qu'il n'aurait plus besoin de venir le voir, sauf pour apprendre certaines pratiques. Il était en effet destiné à devenir chaman sans avoir recours à la participation d'un maître terrestre, ce qui était assez rare. L'ours, ou plutôt l'Esprit-Maître de l'ours, lui donnerait instruction et pouvoir nécessaires.

Le Téléoute attendit, convaincu du bien-fondé des prédictions du vieux chaman, mais le temps passa et le rêve s'estompa si bien dans son esprit qu'il n'y pensa presque plus. Or, un jour, au hasard d'une chasse, le gibier qu'il poursuivait l'amena vers une grotte assez semblable à celle de son rêve. Alors, poussé par un sourd pressentiment, il oublia la bête qu'il traquait et s'enfonça dans la grotte. Là, il y découvrit, effectivement, le squelette assez ancien d'un ours et la griffe qui, bien que ne luisant pas (elle luisait dans son rêve pour lui signaler son pouvoir), gisait assez loin des restes du plantigrade.

Se souvenant avec émotion du rêve qu'il avait fait à ce sujet, le jeune Téléoute prit cérémonieusement la griffe. Alors, il se sentit comme traversé par un éclair et perdit conscience. Quand il revint à lui, il sut qu'il était devenu un autre homme et il jeta ses armes de chasse.

Cette griffe fut son pouvoir et lui servit à éloigner les mauvais esprits, à entrer en transe et à guérir ; mais, pour cela, il devait se conformer exactement à ce qu'il avait rêvé. Par exemple, s'il appliquait mal la griffe à l'endroit malade, son patient risquait de rester dans un état stationnaire ou de voir sa maladie empirer. S'il tenait sa griffe dans l'autre main que celle qu'il avait rêvée, il était non seulement dans l'impossibilité d'accomplir un voyage chamanique mais, de plus, il ne pouvait se défendre contre les mauvaises forces qui l'assaillaient.

Alors, il retourna voir le vieux chaman qui lui recommanda de se conformer exactement aux instructions du rêve, ce que fit par la suite le jeune chaman, et tout se passa si bien que sa réputation de *medecine-man* s'étendit au loin. Grâce à ce rêve, cet homme venait de se faire un puissant allié et protecteur de l'Esprit de l'ours.

Le symbolisme se rapportant à l'ours est assez fort ; on le dit relié aux forces vitales et possédant des qualités terrestres et un pouvoir féminin de réceptivité, mais ces qualités sont susceptibles d'évoluer ou de régresser.

Rêver d'un ours peut être l'apport, non seulement d'une nouvelle force issue du tellurisme, mais aussi l'obtention d'un nouveau pouvoir qui, sans être chamanique pour l'Occidental, peut l'amener à l'éveil de forces secrètes et vitales, ainsi qu'au développement du sens magique. Tout dépend de l'attitude de l'ours dans le rêve. S'il fait preuve d'un comportement agressif, cela signifie que, par notre genre de vie, l'on s'est coupé des sources naturelles et que nos possibilités latentes, nos forces cachées se retournent contre nous. Mais cette interprétation dépend aussi du contexte du rêve et, surtout, bien sûr, de sa trame.

Pour l'homme de mentalité magique, le rêve initiatique — ou le rêve de pouvoir — doit avoir son application dans la vie de veille, sous peine de maladie ou d'accident graves, comme il a été dit plus haut.

Il en sera presque de même pour le profane qui aura eu un rêve important. Sa négligence vis-à-vis du message onirique l'empêchera d'évoluer intérieurement tant qu'il ne cherchera pas à en comprendre le sens, car le double nous prévient très souvent à l'avance de ce qui ne va pas chez nous et, selon ce que sera notre Moi, il sera entraîné dans des régions plus ou moins basses afin de lui faire subir les épreuves destinées à l'éveiller et à l'évoluer.

Le rêve est avant tout un enseignement mais, pour le recevoir, il faut d'abord s'y préparer mentalement et affectivement. Plus nous allons vers le rêve et plus il vient vers nous, riche d'un enseignement sans fin. Notre double a besoin de notre attention et de notre amour, car son problème est la dysharmonie avec le Moi.

Souvent, il arrive que l'on rêve de ses problèmes personnels, problèmes parfois si intenses que le Moi en reste imprégné. Lorsque, dans le temps du sommeil, le Moi va se fondre dans le double, il transporte avec lui ces problèmes comme une matière pesante que le double, en suscitant un monde d'idées et de formes, essaye de canaliser ou de résoudre. Mais il arrive parfois que ces problèmes soient si lourds que le double n'arrive plus à entraîner le Moi dans les plans cosmiques afin de l'éprouver et de le revitaliser. Il sera alors attiré dans les régions inférieures et subira la présence ou l'assaut d'un monde morbide, formé d'entités malignes qui se serviront des faiblesses et des fixations du Moi pour développer leur existence démoniaque, d'où ce qu'on appelle le cauchemar qui, parfois, est initiatique. Alors les entités malignes s'avèrent être des instructrices.

Pour certaines sociétés primitives, les mauvais rêves peuvent également provenir de l'ingestion d'aliments avariés ou défendus. Alors, les esprits mauvais, cachés à l'état de germe invisible dans la nourriture, vont, dans le temps du rêve, prendre forme et se développer. Les apparences hideuses qu'ils prendront seront destinées à impressionner le Moi et à lui soutirer les vibrations émotives de la peur dont ils se nourriront.

Pour le chaman, l'obtention des pouvoirs magiques se fait surtout en rêve. Pour cela, il devra se soumettre à des pratiques et à une préparation très sévère : rites de purification, jeûnes, prières, invocations, concentration et aussi choix du lieu, orientation du corps et imploration de la vision, comme cela se faisait surtout chez les Indiens d'Amérique du Nord.

C'est souvent dans certaines grottes, véritables réservoirs de tellurisme, ou sur certaines montagnes et en de sombres forêts, que se rendra l'homme en quête des pouvoirs magiques du rêve. Il y restera jusqu'à ce qu'un rêve initiatique vienne le visiter.

Ainsi, un jeune Indien, après cinq jours de jeûne, rêva, dans sa fosse à voyance creusée par lui au sommet d'une montagne, de la venue d'un puissant Esprit, un Manitou, sous forme d'aigle et dont l'envergure emplissait une partie du ciel. Ce Roi des Oiseaux, considéré comme une Puissance Céleste envoyée par le Soleil, ordonna au jeune Indien de se fabriquer un sac-médecine en peau de loutre, dans lequel il devrait mettre les objets magi-

Dans le rêve, le double transporte en lui **les problèmes du Moi profond** qu'il va tenter d'épurer ou de résoudre. (Illustration M. Mercier - 1963 - Photo J.-J. Strauch)

ques désignés par lui : morceau de quartz, petites pierres prises sur une fourmilière (26), etc.

Il arrive aussi que la première manifestation de l'Esprit, chez le rêveur, ne se fasse pas sous une forme visible pour celui-ci. Elle serait plutôt comme une présence, parfois forte et rayonnante, parfois légère et diffuse ; tout dépend de la nature et de la puissance de l'Esprit.

Il arrive également que l'initiation onirique débute par un chant magique que le rêveur chantonnera dans son sommeil et dont, au réveil, il ne devra oublier ni les mots qui la composent, ni ses intonations, sous peine d'en perdre la puissance.

26. Ces pierres, subissant le va-et-vient des fourmis, sont comme chargées d'une tension interne. De plus, elles sont des points de fixation de l'énergie magique projetée par les fourmis.

L'homme en quête de rêves magiques devra toujours chercher un endroit propice pour les recevoir ; là où les courants terrestres sont en bonne émergence et en bonne conjonction avec les influx cosmiques. Ce courant terrestre, appelé par l'initié l'Esprit de la Terre (tellurisme dans le langage courant), est un grand charroyeur d'entités qui viennent de l'intérieur de la Terre. C'est par le canal de l'arbre, des plantes, par les veines minérales des roches, par les failles, par les cimes des montagnes, par les eaux, qu'elles remontent à la surface de la Terre.

Placés sur les méridiens de courants terrestres, les dolmens et les menhirs furent des équilibrateurs et canalisateurs de courants telluriques, à l'endroit où ils se croisaient et formaient comme un nœud. Or, le tellurisme a le pouvoir, non seulement d'entretenir la vie en jouant un rôle déterminant sur la sève et le sang (27), mais il agit aussi sur le psychisme humain, de même que sur l'ombre et le double, bien que ce dernier soit plutôt relié au magnétisme. Ainsi, le lieu où l'on dort est déterminant pour le rêve et, s'il est trop chargé en tellurisme, ce feu invisible, comme l'appelaient les alchimistes, agira sur l'ombre et l'affolera, tout en cherchant à attirer le double du rêveur dans des zones troubles peuplées d'ombres en voie de dissolution, d'entités mauvaises, de larves... Le tellurisme agit sur les zones pourries du psychisme comme un feu purifiant, mais non sans danger, bien qu'aucune énergie naturelle ne puisse être considérée comme bonne ou mauvaise. Il faut donc que le magnétisme humain soit en bonne harmonie avec le magnétisme terrestre, d'où l'importance de trouver « son » endroit pour faire des rêves initiatiques. Dans certaines sociétés primitives et, surtout, chez les chamans, un aspect de leur art magique est de pouvoir capter par leurs organes le tellurisme et de le transformer en puissance guérisseuse.

Pour les Tchouktches, le rêve est un moyen de rencontrer les esprits et de récupérer l'âme du malade pour la remettre dans le corps.

Les eaux vives et les eaux mortes, de par leur sensibilité, captent les fluides émanant de l'Invisible Universel. Comme une membrane sensorielle, elles reçoivent « les influences subtiles impondérables en provenance des confins de l'univers. (28) »

27. Jean-Louis Bernard : *Dictionnaire de l'Insolite et du Fantastique* (Editions du Dauphin, 1971).

28. *Le Chaos Sensible*, de Théodore Schwenk (Editions Triades, 1963).

Les lieux à pouvoirs ont une importance primordiale dans le développement des rêves initiatiques et prophétiques, car ils sont en quelque sorte des chakras, relais des forces spirituelles du ciel et de la terre (photo Antoine Guerra).

Elles sont avant tout un médium à la plasticité inégalable et, par les chaînes rythmiques de leurs tourbillons, elles captent les influences des planètes et des étoiles. Ayant une vie éthérique très intense, l'eau a aussi le pouvoir d'attirer à elle les forces de l'invisible. Les poissons et autres animaux marins ne sont-ils pas, d'ailleurs, les forces célestes devenues visibles et matérialisées ? L'eau agit, en outre, comme si elle pouvait capter ensemble les rêves du ciel et de la terre.

A la pleine lune, notamment, certaines eaux, telles les eaux courantes, s'astralisent fortement. Vers elles sont poussés, d'une façon quasi irrésistible, toutes sortes de forces errantes, d'esprits, d'âmes peu évoluées de désincarnés (29) et de doubles de rêveurs. Dans leur rythme passe aussi le message des Dieux.

L'eau est, en fait, un médium de par la multiplicité des membranes sensibles qui la composent. Elle est aussi la

29. Il s'agit ici de leur âme émotive.

médiatrice des puissances invisibles et de l'homme. De plus, les Ondins, ces esprits des eaux, que toute personne ayant tant soit peu développé sa vue éthérique peut voir, sont des porteurs de rêves, parfois bénéfiques, parfois maléfiques. Tout dépend de la sensibilité éthérique de l'eau d'où ils sont issus et de la teneur en tellurisme de son sol.

Les Ondins aiment à attirer le double des rêveurs vers leur monde liquide, d'où les fréquents rêves de baignade, et parfois d'immersion, qui tiennent une certaine place dans l'étude des rêves, surtout dans les traditions anciennes et dans les légendes.

En somme, c'est par l'eau que sont portées les principales influences astrales, qu'elles soient bonnes ou mauvaises. Mauvaises, car porteuses d'ondes nocives, sont les eaux usées ou stagnantes telles que les eaux d'égoût, de drainage, de citerne, de marais, etc. Ces eaux-là rendent malsaines les maisons qu'elles avoisinent ou sous lesquelles elles passent.

Coulant sous une maison, une eau neutre prendra, à la rigueur, les ondes émises par ses habitants et les déchargera comme des condensateurs. Mais, si cette eau passe à l'aplomb d'un lit, son occupant peut, chaque nuit, se trouver déchargé et, à la longue, il en sera épuisé, surtout s'il a déjà une longueur d'onde faible.

Pour certaines tribus sibériennes, l'eau permet à l'âme du rêveur d'aller s'y contempler, afin de voir si elle reste nette et pure ; mais l'eau est aussi, pour elle, une porte par où elle peut aller se plonger pour se laver et se régénérer, bien qu'elle ne soit pas sans danger car elle peut contenir des formes mauvaises (monstres, reptiles...) reflets de l'état de l'âme du rêveur.

Il arrive souvent que, pour purifier et régénérer le Moi qu'il porte en lui comme fondu, le double du rêveur soit poussé à s'approcher, à traverser l'eau ou à s'y immerger.

Dans le rêve, comme dans certains récits initiatiques, il existe deux sortes d'eau : une eau inférieure et une eau supérieure. Cette dimension se traduit souvent, dans cette dernière, par une transparence sans égale et une ambiance lumineuse, qui semble n'émaner que de l'eau elle-même.

Dans la cosmogonie des Dogons (30), l'eau est considérée

30. Marcel Griaule : *Dieu d'Eau* (Fayard).

comme une semence divine. Elle féconde la terre pour donner les Héros Jumeaux. Ceux-ci viennent au monde moitié homme, moitié serpent. Leur couleur est verte.

Le serpent représente souvent dans les rêves magiques un des aspects de la conscience secrète de l'eau. Fragment de conscience, parfois hostile — voire dangereux — qui se réveille et qui menace ou attaque à l'approche d'un double encore trop imprégné des mauvaises ondes du Moi qu'il transporte en lui et qu'il n'a pas assez épurées au cours de ses pérégrinations purificatrices.

Il arrive aussi que le double soit, à cause du Moi, aimanté par des eaux inférieures, domaine de puissances mauvaises mais qui, parfois, peuvent nettoyer le Moi en agissant homéopathiquement sur lui.

Ainsi, Rudolf Steiner (31) rapporte, à propos des esprits du rêve : « Le Moi et le corps astral sont environnés et harcelés, la nuit, par les esprits élémentaires qui les exhortent sans cesse à aiguiser leur conscience et à en apprendre un peu plus sur les réalités du monde. »

Les nombreux contes et légendes parlant d'Esprits vivants au fond de l'eau, tels les Dracs en Provence, qui engloutissent leurs victimes, ne sont que les récits arrangés d'une certaine clairvoyance que possédaient encore nos ancêtres et que nous avons perdue.

Il arrive aussi que l'eau libère des entités démoniaques, porteuses de mauvais germes et qui, s'agglutinant au double ou le contaminant, iront se répandre dans le corps du dormeur, l'affaiblissant de son énergie vitale et le prédisposant ainsi aux maladies.

Elle peut être aussi une grande inspiratrice si l'on arrive à saisir sa spiritualité intrinsèque. La pensée humaine a d'ailleurs des similitudes avec l'eau car, comme elle, elle coule, tâte les matériaux qui se trouvent devant elle, les déplace pour obtenir son passage, les use ou les contourne. Comme l'eau, la pensée qui

---

31. *L'Homme, dans ses rapports avec les animaux et les esprits des éléments,* de Rudolf Steiner (Editions Triades).

coule crée ses méandres. Comme l'eau aussi, la pensée peut s'immobiliser, se figer ou jaillir car elle possède la fluidité nécessaire. Il faut entrer en relation avec sa spiritualité qui, elle, est reliée au cosmos.

Le devenir du Savoir Divin sur cette terre se trouve dans l'eau : elle est la clef de tous les messages.

DEUXIEME PARTIE

le sens magique du rêve et son interprétation

« Le rêve est une seconde vie »
Nerval

« Le rêve est une seconde vie » (Nerval).

4

Les Rêves d'Eau

Beaucoup de rêves initiatiques ont été faits par des personnes dormant près de l'eau et nous en avons de nombreux exemples. L'eau est le véhicule du fluide cosmique et tellurique.

« J'avais envie d'écrire un livre, un livre où la réalité avoisinait l'onirisme, me raconta une personne, et comme je n'avais jamais écrit de grandes choses, par peur d'écrire, et bien que je fus plein de mon sujet, je me sentais assez mal dans ma peau, d'autant plus que j'éprouvais la nécessité vitale de m'exprimer. Ce livre devait être un facteur de mon évolution intérieure car je savais que, si je l'écrivais, je serais libéré de beaucoup de choses et qu'il me permettrait de trouver une certaine confiance en moi. »

« Mais le temps passait et mon sujet, au lieu de mûrir, se desséchait. Cette histoire me remua au point que j'en devins sombre, ombrageux. Or, un jour que j'étais à la campagne et que je marchais au bord d'un charmant petit ruisseau, je fus ému par le langage de ses vaguelettes. M'agenouillant tout au bord, j'observais longtemps la danse des petites vagues, sans cesser d'écouter leur chant cristallin dont je me laissais doucement pénétrer. J'éprouvai alors l'impression délicieuse d'être quelque chose de l'eau, de participer à sa sensibilité. »

« Brusquement, j'eus comme un déchirement dans l'esprit et cette eau m'apparut terriblement vivante, au point que je la comparais à un être doué d'émotion et de pensée. Je ne pus, alors, m'empêcher de converser avec elle. Je lui racontai que je lui enviais une certaine liberté, celle de couler là où il lui plaisait. Et puis je ne pus m'empêcher, dans ma naïveté, dans ma candeur, de lui demander que mon besoin d'écrire s'épanchât, comme elle, libre, sans obstacle majeur, et je m'entendis ou j'entendis répondre : « Tu auras ce que tu désires puisque tu m'aimes. » Je ne sais combien de temps je restai près de cette eau, dans cet état semi-extatique. Un coup de vent frais me fit reprendre conscience, me forçant à revenir à la réalité, et je dus la quitter, à regret, car l'heure était déjà bien avancée et le soir approchait. »

« Lorsque je me couchai, je restai longtemps sans dormir, ne pouvant effacer de ma pensée la vision du ruisseau, ni son chant. Puis, des images me traversèrent et je vis des zones d'eau, des remous d'eau, des étendues d'eaux calmes ou tumultueuses. »

« Parfois, je voyais apparaître, au-dessus ou superposés à ces eaux, des formes, des visages (surtout de femmes) dont certains étaient d'une beauté saisissante. Certaines de ces femmes avaient des cheveux verts et portaient des perles incrustées dans leur front ou à la place des yeux. L'une d'elles, n'ayant comme parure qu'une ceinture ornée d'un gros joyau, vint vers moi et allongea la main, au point que je crus qu'elle allait me toucher. Ce geste me fit sursauter et me sortit un bref instant de l'engourdissement qui me prenait. Cette nuit-là, je fis des rêves sans importance que j'oubliai au réveil, sauf la vision du ruisseau qui était venue se superposer aux autres images pour disparaître aussitôt et, cela, d'une façon si nette, si intense que je me promis, dans mon rêve, de m'en souvenir au réveil. »

« Plusieurs jours passèrent et mon expérience avec le ruisseau s'atténuait dans mon esprit lorsque, une nuit, je recommençai à rêver de lui et de l'endroit où je m'étais arrêté pour l'admirer. Là, j'y trouvai un adolescent blond et de grande beauté, à la peau ointe de lumière, couché par terre et le bas du corps reposant dans le ruisseau. Il écrivait, à la lueur d'une bougie bien qu'il fît jour, un livre qui, je le sus aussitôt, était mon livre. Par une préscience caractéristique à certains rêves de niveau élevé, je savais qu'il mettrait trois mois pour le finir, mais ces trois mois duraient à peine, dans le temps de ce rêve, un tout petit instant. »

« Je fus très troublé par ce rêve dans la journée qui s'ensuivit et, le soir, je fus pris brusquement d'un ardent besoin d'écrire. C'est ainsi que j'écrivis mon livre qui eut, à sa parution, un certain succès. Après l'avoir fini, je m'aperçus, à mon étonnement, que j'avais mis exactement trois mois à le faire, écrivant de dix à treize heures par jour. C'était comme si une main invisible avait guidé la mienne et il avait fallu que je laisse absolument aller mon esprit,

Rêves d'eau. Puissance passionnelle reliant le Ciel et la Terre, la cascade dans les rêves d'eau est véhiculaire de l'énergie céleste (dessin de l'auteur).

sous peine de perdre momentanément mon inspiration. Souvent, j'ai pensé à ce rêve-là. Souvent, je suis retourné au ruisseau. »

On peut donner une explication très rationnelle à ce rêve en se référant, entre autres, non seulement à la situation conflictuelle du sujet, de son aliénation vis-à-vis de lui-même et des autres, mais aussi en se basant sur le riche symbolisme onirique, actuellement très en vogue. L'on peut dire, par exemple, que le bel adolescent qui écrivait le livre dans le rêve de cette personne est le Symbole du Soi, ce qui est vrai au premier degré : le Moi du rêveur ayant touché le Soi, il se serait produit une fusion d'énergie qui, dans le mental du rêveur, aurait pris l'aspect d'un bel adolescent, c'est-à-dire d'une force jeune et neuve, tout en possédant assez de maturité pour créer ce livre, le livre du rêveur. Il n'empêche qu'à un autre degré, il s'agit bel et bien d'une intervention spirituelle, issue de l'Invisible Universel et qui aurait pris, devant le double du rêveur, cette apparence de jeune inspiré, romantique et créateur, comparable à celle de Shelley, telle qu'une peinture célèbre le représente.

L'eau, comme je l'ai dit plus haut, ainsi que les autres éléments, sont formateurs de rêves et ils nous envoient des êtres missionnés, prenant les formes et aspects de notre niveau de conscience. Ces êtres ont pour mission de nous enseigner, non seulement la connaissance de ces éléments, mais ils désirent nous donner également leur aide et leur pouvoir. Pourtant, les éléments possédant, comme toutes choses, deux aspects, l'un négatif et l'autre positif, il se peut qu'un de ceux-ci, avec lequel nous ne sommes pas en harmonie, nous dépêche ses « démons » pour nous faire pressentir un danger ou nous faire subir des épreuves destinées à notre évolution ; c'est à nous de tirer la leçon des bons rêves comme des mauvais.

De plus, chaque partie de notre corps est, non seulement sous la direction d'un élément, mais aussi issue de lui.

Pour les Chinois, les os sont reliés à l'eau et sont de grands récepteurs et conservateurs d'esprits. La rate est la porte de la terre, le foie est lié au bois, au végétal, à l'air, car il est le seul organe qui repousse si l'on en coupe un morceau. Les poumons sont reliés au métal, les reins à l'eau, l'intestin grêle au feu, etc.

Donc, chaque organe est comme une porte et cette porte, si

elle s'ouvre aux bonnes influences, peut aussi s'ouvrir aux mauvaises, selon l'état psychique et psychologique de l'individu.

La médecine homéopathique se sert beaucoup des rêves pour y puiser de nombreux renseignements afin de pouvoir établir le diagnostic du malade. Elle se réfère aussi à la correspondance hippocratique ou astrologique et son explication sera fonction du type planétaire de l'intéressé ou de son tempérament, qu'il soit sanguin ou lymphatique, bilieux ou nerveux.

Rêver d'eau est défavorable pour un Jupitérien (sanguin) alors que ce sera un bon présage pour un Lunaire, c'est-à-dire un lymphatique.

Le rêve de figures effrayantes signifie troubles cardiaques chez un bilieux-nerveux, mauvais fonctionnement du foie chez un bilieux-sanguin, risque de maladie du côté des poumons chez un lymphatique.

Rêver d'incendie ou d'assassinat est signe d'un danger pour le cœur, d'une hémorragie intra-crânienne pour le sanguin ; pour un bilieux-nerveux, menace de folie ou de grave névrose.

De même, rêver de forêts aux branches enchevêtrées, de cimes, est signe d'une insuffisance hépatique chez un bilieux, discordance entre les deux sympathiques chez le lunaire.

Voir en songe des soldats, des batailles, des cambrioleurs signifie de mauvais poumons chez le Mercurien, mauvais fonctionnement de la vésicule biliaire chez le Martien, troubles mentaux chez le nerveux.

La force nerveuse qui nous anime n'est-elle pas le produit de la combinaison, au niveau du cervelet, d'une de nos humeurs (le sang) avec un fluide impondérable, issu de l'Invisible Universel appelé encore astral ? C'est le fluide qui donne l'impulsion de vie à tout être, à toute chose.

Lorsque le grand sympathique utilise toute la force nerveuse disponible, le système nerveux conscient n'a plus de moyen d'action, il s'arrête et le sommeil vient (1).

Certains lieux sont plus favorables que d'autres aux rêves, notamment aux rêves visionnaires. Dans sa quête des rêves

1. Dr R. Gaubert Saint-Martial : *Deux Enigmes homéopathiques - Les yeux et les rêves* (Editions Régina, 1939).

magiques, l'Indien choisira un lieu à pouvoir, vers lequel le poussera son instinct ou une force surnaturelle.

Le sol est un conducteur d'énergie, un grand charroyeur d'esprits que drainent les fleuves telluriques. Ces mêmes courants telluriques faciliteront d'ailleurs plus ou moins la sortie du double qui en sera comme aimanté. Mais il est nécessaire que ce tellurisme ne soit pas « pourri », car il pourrirait également le psychisme du dormeur. D'ailleurs, certains terrains (marécages, tourbières, terrains argileux) sont plutôt néfastes pour les rêves, car ils ne sont pas de bons conducteurs d'ondes.

Kolb (2) exprime l'idée que la mortalité est beaucoup plus importante sur les terrains riches en calcaire que sur ceux riches en minerai.

D'une étude faite par Lakhovsky (3), l'étiologie du cancer aurait pour origine une variation de champ de la radiation cosmique. Celle-ci, absorbée par le sol, donnerait naissance à des émissions secondaires variables suivant la nature du terrain (4). D'ailleurs, l'influence locale d'un terrain, son ambiance, son « émotion », se retrouvent dans certaines plantes médicinales dont la teneur en alcaloïde varie en fonction de la nature du terrain. Chaque lieu porte l'empreinte et la signature de puissances occultes (5) qui les régissent et l'on peut dire qu'un lieu, un paysage, sont l'expression matérialisée de cette ou de ces puissances occultes (6), dont le sang est le tellurisme et la spiritualité l'essence cosmique. Captant, assimilant, digérant et répartissant les énergies, diffusant dans la nature les directives célestes, cette puissance sert de trait d'union entre le Monde du Bas et le Monde d'en Haut, équilibrant ainsi le Monde du Milieu. C'est pour cette raison que, dans la quête magique du rêve, le

---

2. Kolb : *Influence du sol et de la maison sur la fréquence du cancer* (Munich).

3. Lakhovsky (G.) : *La Radiation des êtres vivants* (Gauthier-Villars, Paris, 1926) - *L'Oscillation cellulaire* (Doin, Paris, 1931).

4. L'eau de mer n'est conductrice que pour une longueur d'onde supérieure à 13 mètres, la terre humide pour une onde supérieure comme longueur à 883 mètres. Le sable sec n'est un isolant que pour les ondes inférieures à 33 mètres.

5. Tels les Dévas, par exemple, qui sont l'expression d'une énergie divine.

6. Si ces puissances sont en opposition, cela donnera un terrain tourmenté, accidenté, pas toujours de bonne influence.

choix du lieu est primordial car c'est par cette puissance-là, entourée d'une armée d'élémentals, que seront dépêchés les rêves.

Voici d'ailleurs le rêve que fit une jeune médium et qui est plutôt un cas typique de dédoublement dans les sphères supérieures. C'est ce que j'appellerai un « rêve-contact » car, par certains rêves et selon notre degré d'évolution et de pureté, nous pouvons entrer en contact avec une divinité et nous imprégner de ses vibrations.

« Je rêvais que je flottais au-dessus d'un paysage merveilleux, tout doré. Pourtant, aucun soleil ne brillait dans le ciel d'un bleu assez soutenu. Le fait de voler me donnait une grande joie car je « savais » devoir cette « prouesse » magique à un long travail que j'exerçais sur moi-même depuis plusieurs mois. Je survolais ainsi d'immenses et magnifiques forêts que venaient parfois obscurcir, par endroits et fugitivement, de très légers nuages. »

« Comme je me rapprochais d'une colline, je vis celle-ci s'illuminer brusquement sous l'effet de panaches de lumière d'un vert tendre, jaillissant de son sommet comme des geysers. »

« Soudain, je fus prise dans le courant de force onirique du Déva (7), car c'en était un. Je me sentis alors illuminée intérieurement et extérieurement. Brusquement, quelque chose se déclencha en moi et je me mis à participer, non seulement à l'esprit du paysage que je survolais, mais aussi à son émotion et à son ambiance. »

« Je découvris son passé et son devenir et chaque arbre, chaque accident du paysage m'apparaissait comme une réserve de forces, d'esprits. Puis je fus prise comme dans un raz de marée d'ondes vertes, issues du Déva, et je me retrouvais d'un coup, sans transition, dans une sorte de caverne et, là, je vis luire doucement, dans les ténèbres, un morceau d'or brut incrusté dans le roc. Je n'éprouvais aucun sentiment de peur, ni de crainte, bien qu'étant plongée dans de profondes ténèbres. Mais le morceau d'or m'attirait irrésistiblement, m'obligeant à aller le toucher, ce que je fis sans hésiter, mais de la main gauche (8), bien que je sois naturellement droitière. »

---

7. « Déva » désigne aussi une myriade d'êtres brillants.
8. La gauche est, dans la Tradition chinoise, le côté Yang, actif.

« Alors, je vis ma main entière irradier une lumière d'or. C'était merveilleux. Je me réveillai sur cette vision et mon premier geste fut de regarder ma main. Naturellement, elle avait gardé son aspect ordinaire. »

« Par la suite, je me découvris le pouvoir de soigner par magnétisme et je me mis à soigner et guérir beaucoup de gens, mais toujours de la main gauche, la droite ne donnant guère d'effets. Je m'en servais pour accompagner l'autre, pour l'équilibrer dans son mouvement. »

« Une personne atteinte d'un mal considéré comme incurable et que j'avais guérie par imposition de « ma main », me surnomma « la bonne fée à la main d'or » et souvent, non sans émotion et reconnaissance, je me rappelai mon rêve et remerciai le Créateur de m'avoir offert un tel don. »

Les lieux riches en minerai de fer suscitent souvent des rêves troubles, voire dangereux, car le fer attire des influences fortes ; c'est, ne l'oublions pas, un métal de guerre. D'origine chtonienne, le fer doit être exorcisé et consacré pour devenir un métal magique qui sera destiné, entre autres, à chasser les mauvaises influences. C'est le fer qui donne sa puissance aux chamans car, étant un métal médiumnique, il assure la communication entre les vivants et les morts.

C'est pour cette raison qu'il existe encore, en Afrique, des castes de forgerons-magiciens. Chez de nombreux peuples, on attribue au fer une valeur sacrée, soit d'origine céleste (météorique), ou terrestre. Pour les Dogons, le fer est lié à tout ce qui est nocturne. Le forgeron doit le soumettre avec l'appui de Nomo, le dieu d'eau céleste et bon.

5

Les points cardinaux dans le rêve

Selon l'orientation qu'il aura prise, le dormeur sera davantage perceptif à telle ou telle manifestation onirique, issue d'une des quatre principales directions de l'espace, sans cependant omettre celles du Haut et du Bas. Ainsi, le rêveur sera mis en contact, non seulement avec la spiritualité d'une des quatre directions de l'espace, mais aussi avec son influence tellurique.

Nombreuses sont, chez les peuples à mentalité magique, les croyances relatives aux séjours des morts, des esprits, des démons et des dieux situés aux axes énergétiques Nord, Sud, Est, Ouest qui forment, avec le haut et le bas, tout l'espace cosmique.

1. Le Nord

Ainsi, Le Nord qui, pour l'Européen, symbolise la région froide, nocturne, hostile par excellence, est également dans la tradition chinoise le lieu de la saison hivernale symbolisé par l'élément eau ; c'est le temps de la décomposition et de la mort et l'animal qui lui est attribué symboliquement est le porc. Le Nord, c'est-à-dire l'élément eau (yin), est lié aux reins, à la vessie.

Pourtant, le Nord, bien que considéré comme hostile, a été la direction sacrale de nombreux peuples blancs, jaunes et rouges. C'est de lui que sont issus les grands courants d'idées car, si le Nord retient, fixe et cristallise par son froid, il garde, conserve et détient un certain pouvoir en totale opposition avec le Sud. Ce pouvoir, il le libère en idées qui viennent ensemencer les hommes. C'est le centre magnétique par excellence de la planète et aussi de l'équilibre.

Le Nord décompose mais il donne aussi la vie. C'est le monde du souffle, bien que nocturne. Il gouverne les rythmes du monde, comme l'étoile polaire gouverne les rythmes stellaires. C'est un très puissant centre spirituel, ancienne résidence des dieux issus d'une galaxie boréale. Il est encore imprégné de leurs influences qui élèvent le psychisme et donne le sens de la révélation.

Dormir la tête au Nord favorise la captation de puissances supérieures et instructives. Il agit sur l'homme comme une mémoire universelle qui ne se libère de ses souvenirs cosmiques que sporadiquement. Il développe son intuition, sa perception.

Donc, dormir la tête au Nord nous met en rapport avec les puissances spirituelles de la Nuit et du Froid. N'oublions pas que c'est dans les ténèbres et notamment dans l'eau que se décompose la graine afin qu'elle puisse germer et jaillir en pleine lumière.

A chacune des six directions de l'espace (le Haut et le Bas compris) correspond une voie initiatique et le Nord est le passage à la grande nuit cosmique.

C'est au Nord que se trouvait la plus ancienne science magique dont le totémisme était le loup. C'est pour cette raison que la Tradition Primordiale est souvent considérée comme hyperboréenne. Centre de puissance du génie planétaire, le Nord dans son sens positif est symbole de révélation et, dans son aspect négatif, de dévastation et de mort.

2. Le Sud

Le Sud, dans notre pensée, représente la chaleur, l'épanouissement, le voyage. Il est lié dans la tradition chinoise à l'élément feu et la saison lui correspondant est l'été. Les rites de purification se font toujours dans cette direction car il est le lieu original du feu.

Dormir la tête au Sud peut décharger le corps de son énergie magnétique, car bien qu'il soit centre d'embrasement, le Sud recèle beaucoup moins de potentiel énergétique que le Nord. Il est déjà comme la plante très épanouie. Il en est de même du psychisme de cette direction qui, si elle amène une exaltation de l'esprit, peut conduire à une certaine consumation.

Pour les Chinois, le Sud correspond à la croissance, à la joie. Il est associé à un oiseau rouge (oiseau de feu) de même qu'il est représenté chez les Sioux par un castor. C'est dans le Sud que se tiennent les demeures des dieux et des esprits du feu.

3. L'Est

L'Est est le lieu du soleil levant, de Jupiter (et non de Vénus) donc de l'expansion, du renouveau, de l'espoir, de l'amour. Cette direction est associée au point de vue psychique à la colère, force d'expansion non réprimée. Dans la tradition chinoise, l'Est est lié au printemps, au bois, à l'air. Sa couleur est le vert et son animal le dragon. Dormir la tête à l'Est favorise en général un état de ressouvenance car ce point cardinal est en rapport avec la mémoire universelle.

Chez les Amérindiens, il est rouge, couleur de la force vitale intrinsèque. C'est la résidence de Tlaloc, le dieu des Pluies, et rien n'est plus fertile que la pluie car elle est imprégnée du pouvoir céleste.

L'Est peut apporter de bonnes influences au dormeur et, s'il veut entrer en relation avec la spiritualité de cet axe directionnel, il lui est conseillé de dormir avec deux morceaux de tissu vert et rouge noués ensemble et mis sous son oreiller.

4. L'Ouest

L'Ouest, pays de la vieillesse et de la mort, lieu ou descend le soleil, est apparemment la direction du déclin, mais elle est aussi celle qui prépare le renouveau.

Lieu des abasy (entités démoniaques chez les Turco-Mongols), l'Ouest est pourtant une direction de l'espace vers laquelle se tournaient les chamans Bouriates pour évoquer les bons esprits.

Pour les Mayas, c'est le lieu où le Dieu Solaire se sacrifie tous les soirs. Résidence des Déesses-Mères, du dieu du Maïs, de la déesse des Fleurs ou d'Eau Précieuse ; c'est donc le lieu de la mort apparente, de la dissolution. Il traduit le passage d'un état à un autre. L'Ouest, qui est appelé aussi le Pays des Morts, est une direction de l'espace très astralisée ; il favorise les états de concentration et, pour l'initiation douloureuse de la mort à soi-même, il est important de s'allier les forces de cette direction. Il peut y avoir un Ouest bénéfique comme un Ouest maléfique. Dans la tradition chinoise, l'Ouest correspond au métal, à la saison de l'automne ; sa couleur est le blanc. Il est lié aux poumons.

*
* *

Ainsi, il est important, dans l'interprétation des rêves, de tenir compte de l'axe directionnel dans lequel aura dormi la personne. Il est évident que l'axe Nord-Sud s'oppose totalement à l'axe Est-Ouest bien que se complétant et s'harmonisant du fait de cette opposition. Chaque point cardinal recèle son énergie propre, énergie que certains peuples ont figurée sous une forme animale : ainsi, chez les Chinois, le Nord est associé à une tortue noire, le Sud à un oiseau rouge, l'Est à un dragon vert, l'Ouest à un tigre blanc et, si l'on voulait développer ces figurations, on pourrait dire que la tortue est associée à l'eau, l'oiseau rouge au feu, le dragon à l'air et le tigre au métal.

5. Les éléments et le corps humain

Des matériaux sont également associés à chacune des directions cardinales. On dit, chez les Toungouses, que pour créer l'homme, Dieu prit de la terre au Nord, du feu au Sud, de l'eau à l'Ouest, du fer à l'Est car il existe de grandes et secrètes correspondances entre les éléments et le corps humain.

A titre d'exemple, je citerai le rêve qu'avait fait un homme, assez jeune encore, sept mois avant sa mort. Il avait rêvé qu'il se trouvait dans une chambre obscure, allongé sur un lit et portant un costume bleu foncé. Soudain, une bête jaillit du mur et sauta sur lui. C'était une sorte de rat énorme qui, étrangement, plongea son museau dans son ventre et se mit à lui ronger la rate. La souffrance fut telle que le rêveur se réveilla en hurlant.

La chambre représente, à un premier degré, l'état psychique et physique du rêveur mais, à un autre degré, c'est un lieu, fait de matière astrale et dans lequel est venu, telle une proie sur une toile d'araignée, se faire prendre le double du rêveur. Ce piège est le gîte d'un esprit maléfique qui a pris, dans ce rêve, la forme d'un rat. Or, le rat est connu comme étant un animal malfaisant, silencieux, rôdeur, toujours à l'affût, transmettant des maladies terribles comme la peste.

Bien qu'ayant une réputation de destructeur, surtout en Europe, le rat, animal intelligent par excellence, parcelle d'un esprit tellurique très évolué, est aussi un éboueur. Il vit et se complaît dans les endroits sales, malsains, tels que les caves, les failles, les égoûts, les charniers, les cimetières, les abattoirs, les incinérateurs, etc., véhiculant les ondes négatives et les dispersant.

Malgré tout, le rat est considéré dans certains pays comme étant un animal de bon augure, en Asie par exemple. Mais, dans ce rêve, qui est plutôt un cauchemar, il prend toute sa dimension maléfique, il est porteur et donneur de mort. Comme je l'ai dit plus haut, la personne qui fit ce rêve affreux mourut, sept mois après, d'un cancer de la rate. Le rêve la prévenait d'un danger mortel. Peut-être était-il responsable de ce danger mortel car, comme le conçoivent les primitifs, la maladie peut pénétrer dans le corps pendant le sommeil, sous une forme en rapport avec l'aspect occulte de cette maladie. Et là, le corps étant mal gardé par l'ombre et l'entité viscérale gardienne de la rate, à cause d'un grave déséquilibre énergétique, ne pouvait repousser l'agression d'une entité hostile, issue d'un élément et figurée par un rat. D'ailleurs, en médecine chinoise, l'organe de la rate est lié à l'élément terre. Or, la terre est le domicile des trois autres éléments. En dévorant sa rate, porte de la terre, le rat signifiait au rêveur sa fin prochaine. Aurait-il pu, ce malheureux, dépister et prévenir le mal atroce qui allait le frapper s'il avait su lire dans les rêves ? Peut-être, bien que le cancer soit une maladie difficilement saisissable, même dans ses prémices, et peu souvent guérissable, on le sait.

Selon la médecine initiatique chinoise, telle qu'elle était jadis et non telle qu'elle a été récupérée, selon la conception des chamans également, chaque organe du corps est lié à une entité réellement vivante et non symboliquement vivante, entité issue d'un des éléments auquel est relié ledit organe. Pour le chaman, il y a autant d'âmes qu'il y a d'organes, et l'éloignement ou le rapt d'une de ces âmes mineures par un mauvais esprit est l'introduction d'une maladie qui se fait presque toujours en rêve. Cette maladie prend alors une forme souvent en rapport avec le psychisme de l'élément se rapportant à l'organe.

Pour les Chinois, les organes en relation avec le sang (tels le foie, le cœur, la rate, les poumons, les reins) sont aussi en relation avec une fonction psychique. Ces fonctions psychiques, ou entités viscérales (1), forment le psychisme de l'individu. Chaque élément donne d'ailleurs à l'une de ces fonctions sa nourriture vitale. Le rêve dépend donc aussi de la domination ou de la carence d'une de ces entités viscérales qui capte, reçoit, agit, veille, surveille, transmue, donne et défend.

Ainsi, le *Nan-Tching,* un des trois anciens ouvrages de base de l'acupuncture chinoise, nous explique la formation sanguine : « Quand les cinq souffles (2) (énergies) vont baigner les cinq viscères, chacun d'eux absorbe le souffle de son élément et s'en nourrit ; c'est pourquoi on dit que la rate nourrit les quatre autres viscères. Ce sont les cinq souffles qui, en se mélangeant à l'essence de l'eau, deviennent rouges et produisent le sang. »

Et encore : « C'est pendant l'intervalle de l'expiration et de l'inspiration que la rate reçoit le souffle de l'eau et des aliments, et préside à leur transformation ; quand la transformation est achevée, l'air inspiré traversant la rate pousse les souffles produits par la digestion. »

Cela pour dire que le rêve dépend aussi de l'influence ou des influences d'entités organiques liées à leurs fonctions. Il est sûr qu'un rêve amené par l'entité du cœur n'aura pas le même « *esprit* » qu'un rêve issu de l'entité du foie, l'un étant lié à l'élément feu et l'autre au bois.

---

1. Cette désignation doit s'entendre et se comprendre dans son sens littéral.
2. Le texte décrit d'abord la transformation de chacune des cinq saveurs (piquant, doux, salé, amer, acide) en souffles.

6

Les animaux dans le rêve

L'influence de l'animal est très importante dans le rêve, car l'animal représente non seulement un degré d'énergie, une qualité ou une affiliation du psychisme du rêveur, mais aussi une expression de son essence spirituelle. C'est une valeur magique, car il était un temps où le Sentir de l'homme était étroitement lié à celui de la bête (1). C'est pourquoi la première forme religieuse est toute imprégnée de cette essence supérieure de l'Animalité. Le totémisme déplaça d'ailleurs les valeurs animales pour en faire des valeurs humaines.

Chaque animal du rêve a une filiation magique. Son apparition déclenche un symbolisme très puissant. Il existe l'animal qui guérit, l'animal qui blesse ou tue (souvent pour prévenir) ; il existe aussi, comme dans les temps édéniques, l'animal qui parle et peut entrer en relation avec le mental du rêveur. Il y a également des animaux chargés de pouvoirs, d'autres voleurs de pouvoirs. Ces animaux du rêve sont comme autant d'entités ayant pris des apparences en relation non seulement avec le psychisme du rêveur, mais aussi avec celui du ciel et de la terre.

Ainsi, Rudolf Steiner parle magnifiquement de cet animal crépusculaire, ambigu qu'est la chauve-souris (2) : « En toute réalité, ce sont les rêves du cosmos qui parcourent l'espace de ce vol silencieux et furtif. Le rêve aime le clair-obscur et le cosmos

---

1. Lotus de Païni : *Les Trois Totemisations* (Editions Chacornac).
2. Rudolf Steiner : *La Nature et les Esprits des Eléments* (Editions Triades).

esprime son amour du clair-obscur en y voyant voler la chauve-souris. »

« ...les rêves de la périphérie terrestre sont incarnés dans le vol des chauves-souris. Quand on se concentre bien sur la forme de la chauve-souris, sa ressemblance avec le rêve apparaît d'une manière frappante. Il est impossible de regarder une chauve-souris qui vole sans avoir le sentiment que l'on rêve. Cet être est là, mais il ne devrait pas être là. Il est insolite, il se tient à l'écart des autres créatures naturelles, comme le rêve à l'écart des réalités... »

Si, pour Rudolf Steiner, la chauve-souris fait partie du monde crépusculaire du rêve, elle est, en Extrême-Orient, symbole de bonheur et de longévité. C'est un animal matriciel par le fait qu'il réside presque toujours dans une caverne, une sorte de relais obscur entre le monde de veille et le monde du sommeil.

Les Mayas la considéraient comme le Maître du Feu, c'est-à-dire que, par le fait de sa vie se déroulant dans les cavernes, la chauve-souris absorbe et assimile par la tête, d'où sa position inversée, le feu tellurique dont elle est une pure expression matérialisée.

Les chauves-souris peuvent être considérées comme des points d'émergence matérialisés des courants telluriques. Elles sont en somme une expression du fluide tellurique qui rêve, sans pouvoir le réaliser, de devenir aérien, d'où cette maladresse et cette lourdeur dans le vol.

Le fait que la chauve-souris est une expression animalisée du tellurisme la fait, souvent, dans la vision magique des peuples anciens, apparenter au monde des morts. Pourquoi ? Parce que le tellurisme, « ce feu invisible de la terre », comme l'appelaient les alchimistes, ce « feu infernal » pour les Anciens, et qui coule en fleuves sombres, aimante les ombres des morts qu'il dissout en les brûlant, d'où l'origine du mythe de l'enfer avec son feu purificateur. Dans le *Popol Vuh* (3), il est d'ailleurs écrit que la demeure de la chauve-souris est un des lieux souterrains qu'il faut franchir pour gagner le pays des morts.

---

3. Livre des Conseils.

Rêve d'animaux. Rêver d'animaux est souvent la manifestation d'un Esprit ayant revêtu l'apparence d'un animal pour nous prévenir d'un danger ou nous transmettre un pouvoir magique (peinture de l'auteur).

L'apparition de la chauve-souris dans le rêve peut être interprétée, entre autres, comme un fragment de conscience du monde souterrain s'éveillant en nous, car la chauve-souris est la mesure de la sensibilité interne de la terre. Chaque nuit, incalculables sont les doubles des dormeurs qui doivent aller purifier les zones pourries du moi qu'ils transportent en eux dans les fleuves telluriques, avant d'essayer de s'élancer dans le réseau magnétique aérien pour se revitaliser et se régénérer afin de pourvoir le corps physique et éthérique d'une énergie nouvelle dont ils profiteront dans la journée.

Rêver de chauves-souris qui nous attaquent peut être dû, exception faite du contexte du rêve, à une mauvaise réception et ingestion du tellurisme. C'est d'ailleurs le mal de l'homme moderne qui, à cause du bitume et de ses chaussures, a perdu le contact réel avec la terre et son feu vitalisant, d'où tous les troubles psychosomatiques qui en résultent : maladies cardio-vasculaire, troubles nerveux et cancers.

Le fluide tellurique élabore la moelle et le sang. C'est la source même de la vie. Mais la bonne absorption du tellurisme dépend d'un grand travail sur soi et d'une bonne harmonisation des centres subtils.

*

* *

Les rêves d'animaux, en dehors du fait qu'ils sont une prise de contact avec la nature, une matérialisation de nos instincts, peuvent également être liés à une transformation de certains doubles d'êtres possédant une forte personnalité à tendance magique. Nous avons vu, déjà, qu'il peut y avoir l'intervention d'un animal initiatique dans un rêve visionnaire, animal qui n'est en fait qu'un esprit ayant pris cette apparence chargée de qualités. Mais souvent, dans la transformation d'un double humain en animal, il s'agit du contraire : ainsi de la streie corse, pouvant se changer en chat ou en loutre afin de sucer le sang d'un enfant, ou plutôt son fluide vital.

La transformation en animal permet aussi l'anonymat, le double ayant peur d'être identifié par d'autres doubles (4). Son apparence extérieure étant plutôt une empreinte d'apparence,

4. Etre identifié c'est perdre un pouvoir.

d'où les multiples et faciles transformations dans le déroulement du rêve, ainsi que dans les contes de fées et les légendes.

Ces transformations en animal, tel par exemple le fameux loup-garou du Moyen Age qui était une sorte de jumelage animique entre le double d'un sorcier et celui d'un loup, afin d'éloigner une meute pour la préservation d'un troupeau, n'excluent pas d'autres particularités oniriques.

Ainsi, dans certaines parties de l'Amérique du Sud, des magiciens se sont spécialisés dans la dissociation de certaines parties du corps et expédient leur tête au loin. En effet, la partie dissociée dans laquelle tout le fluide vital du corps et l'énergie magique se seront rassemblés, prend alors une vie autonome et peut se transformer. S'aidant de leurs cheveux comme d'ailes ou procédant par bonds, ces têtes, qui peuvent se réduire à l'état de tête d'épingle puis augmenter de volume à volonté, vont se fixer ou se loger momentanément dans les corps des dormeurs ou dans leur double et y apporter, selon leur mentalité, guérison, maladie ou mort.

Nous avons connu un Indien du Pérou qui nous raconta avoir rêvé qu'il se promenait avec un de ses amis dans la campagne. Soudain, le ciel se chargea de gros nuages noirs, excitant une mouche qui vint « siffler », c'est le mot, tout autour d'eux. Brusquement, le rêveur s'aperçut que la mouche était une tête réduite à la taille de cet insecte, une tête de femme se servant de sa chevelure en guise d'ailes. Après avoir tourné quelques instants autour de lui et ne le voyant pas bouger (5) elle alla agacer son ami et le piqua à la lèvre. Comme celui-ci ouvrait la bouche pour crier, elle pénétra dans sa gorge et il fut pris d'une quinte de toux qui lui fit cracher du sang. Puis, la tête s'envola tout en se mettant à grossir.

Notre ami fut très éprouvé par ce rêve, d'autant plus qu'un mois plus tard il apprit que cet ami avait été tué de plusieurs balles dans la tête par des bandits.

Plus heureux est l'exemple de cet homme, vécu au cours d'une initiation chamamique.

---

5. Cet Indien nous avait précisé qu'une voix intérieure lui avait dit, alors qu'il voulait la chasser : « Ne bouge pas et il ne t'arrivera rien. »

« Je me trouvais avec mon instructeur dans la forêt de X... et ce n'est jamais sans émotion, ni appréhension, bien que plein de joie, que j'y retourne maintenant. Cela faisait plus d'un an que mon instructeur m'y amenait régulièrement, c'est-à-dire une fois par semaine, et nous avions réveillé par nos pratiques des énergies considérables. Combien de fois avons-vous vu dans cette forêt des apparitions ou des matérialisations ! »

« Donc, mon instructeur m'avait amené au cœur de la forêt, près d'un rocher couvert de mousse et sur lequel était posée une pierre triangulaire. C'était une sorte de granit, je pense, qui, d'après lui, détenait le pouvoir de donner des rêves initiatiques, cela d'autant plus qu'il l'avait consacrée. Mais il m'expliqua que le rêve favorable (car cette pierre pouvait également procurer des rêves défavorables) dépendait de son maniement et, surtout, d'une bonne disposition planétaire en rapport avec le sujet. Après certains rites propitiatoires que je passerai sous silence, car je n'ai pas le droit de les révéler, il fit une évocation à l'Esprit-Maître du rêve (dont je ne peux, non plus, ici livrer le nom). Puis, il brisa sur mon ventre, à hauteur de mon nombril, une invisible corde avant de me confier cérémonieusement cette pierre, dont le toucher me projeta une fraction de seconde hors de moi-même. Il me dit alors de me rendre intérieurement disponible et de demander un rêve qui me donnerait quelque chose d'important. Et, en effet, je fis un rêve étrange la nuit qui succéda à cette cérémonie. »

« Je me voyais chevauchant un cheval géant, me tenant à quelques poils de sa crinière. Il était tellement grand que, si j'étais tombé de lui, je me serais certainement tué. Je m'entendis alors moduler un chant qui fit s'envoler le cheval. Nous montâmes si haut que je perdis de vue la terre. Puis ma monture s'agrandit encore, devint une montagne blanche, se fractionna en une série d'autres montagnes au pied desquelles je me retrouvai. Une grotte qui s'ouvrait à la base de l'une d'entre elles m'attira irrésistiblement. Comme j'y entrais, je découvris que ses parois étaient criblées de cristaux lumineux libérant des chants anciens d'une poignante nostalgie. Je compris qu'il s'agissait de « chants de l'âme » et, comme je voulus encore m'avancer, je fus arrêté par une sorte de mur invisible. Je me réveillai alors dans un certain état extatique mais avec au fond du cœur cette vieille nostalgie émanée des chants. »

« Mon instructeur trouva ce rêve de très bon augure. Pour lui, j'avais chevauché trois pouvoirs en un : ceux du vent, de l'eau et de la terre, qui s'étaient transformés en un paysage magique. Il me demanda le nombre de montagnes, mais je lui avouai que je ne savais pas. Ces montagnes étaient pour lui comme autant de pouvoirs cosmiques, de piliers du monde, qu'il me faudrait, si j'en étais digne, franchir un jour. Il interpréta la présence de la grotte comme étant une « poche à pouvoirs » de la terre, dans laquelle s'étaient cristallisées certaines forces lumineuses du ciel qui me donneraient la faculté de « Voir » les maladies et de les guérir. De plus, les chants représentaient une « prise d'harmonie », si je puis m'exprimer ainsi, avec ma vibration intérieure et celles de la terre et du ciel. Ils annonçaient ma nouvelle naissance au monde magique et un retour à un état d'être primordial. La puissance créatrice issue des mondes invisibles harmonieux m'avait traversé. Le mur invisible qui m'avait arrêté dans mon avance signifiait que, pour le moment, je ne devais pas aller plus loin dans mon évolution, sous peine de graves dangers. »

« Par la suite, je fis d'autres rêves initiatiques et je traversai des mondes sublimes. Quand je finis mon premier cycle d'initiation, qui avait duré trois ans, j'avais acquis la faculté de voir à travers les corps la maladie, de la soigner et aussi de composer des chants magiques qui me permirent de me concilier certaines forces de la nature et d'agir sur certains êtres et éléments. J'étais passé du mot au verbe et mon langage était tellement chargé que je parlais assez peu, n'éprouvant plus, d'ailleurs, le besoin de gaspiller mon énergie vocale. Ma voix avait pris une âme et, par elle, je pouvais chasser le mal. »

Cette révélation ne semble plus rien signifier pour l'homme aseptisé d'aujourd'hui, conditionné par une culture nihiliste dominée par une structure psychanalytique. Il est d'ailleurs puéril et prétentieux de considérer que le primitif ou l'homme à mentalité magique s'est amusé à inventer un monde invisible : ce monde existe réellement avec ses forces, ses pouvoirs, ses lois et il suffirait d'y aller voir au lieu de se cantonner dans un sectarisme destructeur. Ce n'est pas parce que la vision éthérique s'est amenuisée chez l'homme qu'il faut la rejeter comme étant inexistante. Si les dieux, les génies et les démons changent d'aspect dans chaque pays, c'est parce que l'Esprit de la Terre s'est aussi personnalisé dans ces différents pays, donnant son empreinte aux paysages, imaginant, créant et façonnant les races qui lui servaient de canalisateurs et de médiums. Toutes les races sont d'ailleurs sœurs car elles participent non seulement de la même énergie mais aussi de la même essence cosmique.

Chaque être, chaque chose porte en soi et sur soi la signature de la puissance mystérieuse qui « l'Imagina ». Ainsi, le coquillage porte, par sa forme spiralée, la signature des Entités de l'Eau, de même que l'oiseau, par son architecture interne et externe toute particulière, exprime les effets conjugués des Forces du Feu et de l'Air.

7

Les rêves d'oiseaux et d'air

1. Le symbolisme des oiseaux

Puisque nous parlons d'oiseaux, il serait bon d'y consacrer un important passage, d'autant plus qu'ils tiennent une grande place dans le monde du rêve. Chez l'homme de mentalité magique, l'oiseau est considéré comme un intermédiaire entre les hommes et les forces supérieures, cependant que les reptiles et les animaux aquatiques (1) ne communiquent, en principe, qu'avec le monde « inférieur ». La division du monde en étages successifs chez l'Indien, quatre pour le monde « supérieur » et quatre pour le monde « inférieur », est comme autant de plans magiques où peut évoluer le double du dormeur.

Les oiseaux sont les messagers des Forces Divines dont l'homme est le médium, car ils ont le pouvoir de communiquer avec les Puissances Invisibles. Ils sont des matérialisations des Puissances de l'Air, du Soleil et de la Lune (oiseaux nocturnes).

La plume n'est d'ailleurs que la matérialisation des Forces du Feu et de la Lumière. Pour les Indiens d'Amérique du Nord, les plumes sont liées à un grand pouvoir magique car elles ressemblent aux panaches de forces éthériques issues de Dévas. C'est pour cette raison que les Egyptiens représentaient l'âme comme un être ailé. La plume était aussi pour eux un symbole de justice car, en tant que balancier, elle représente l'équilibre.

Aussi, rêver d'oiseau au vol lourd, lent et maladroit est lié à un manque d'équilibre et à une diminution du sens psychique.

---

1. Poissons et reptiles (surtout le serpent), lorsqu'ils sont transcendés, correspondent à de grands pouvoirs cosmiques, d'autant plus que le poisson est lié à la fécondité et le serpent à la vie.

Rêver d'aigles, de faucons, de hérons, d'ibis, etc., signifie être en contact avec des valeurs solaires. L'aigle est le seul oiseau à pouvoir regarder le soleil en face, dit-on. Rêver d'aigle est un signe d'élévation spirituelle. Il est la concrétisation de l'essence spirituelle du soleil, à la fois sous son aspect puissant, royal, mais aussi implacable. S'il est un grand géniteur, le soleil est également un ravisseur.

A propos de l'aigle, il me revient en mémoire le rêve suivant, qui me fut raconté par une femme qui pratiquait le culte du soleil :

« La nuit qui suivit la première pratique solaire m'amena le rêve suivant : J'étais assise au bord d'un lac de lumière et il en irradiait tant de beauté et de puissance que je m'entendis dire dans mon rêve : pourvu que cette vision dure longtemps. Pourtant, si intense que fût cette « eau de lumière », je ne me sentais nullement éblouie. C'était une lumière spirituelle. On aurait dit, d'ailleurs, que le soleil était plongé au fond du lac, et peut-être l'était-il vraiment car je ne me souviens pas avoir senti sa présence dans le ciel. Soudain, dans mon extase, je vois se poser, autour de moi, six ibis rouges et jaunes avec de grands yeux dorés. Ils me regardèrent avec une certaine curiosité mêlée de condescendance et, en les examinant, je m'aperçus que, si leurs yeux étaient des yeux d'oiseaux, leurs regards, par contre, étaient humains. Cette découverte m'empêcha de les observer davantage car je savais, par une prescience intérieure, propre à la conscience onirique, qu'il ne le fallait pas. Puis je les entendis remuer et s'envoler dans un fracas d'ailes qui m'effraya. »

« Ils se mirent alors à tournoyer au-dessus du lac et, d'où ils se trouvaient, je pouvais maintenant les observer sans risque. Comme mon regard s'abaissait sur le lac, je m'aperçus avec surprise que, d'or, il était devenu tout argenté. »

Il est clair qu'il s'agit ici d'un « rêve-pouvoir » dû au soleil. Ce lac lumineux est la transcendance de forces psychiques par une lumière (la supra-conscience) issue de ses profondeurs. Les ibis sont, dans ce rêve là, des esprits du soleil, des pouvoirs ayant investi des formes d'oiseaux en rapport avec le niveau d'évolution de la personne. Le nombre six, puisque six étaient les ibis, représente le nombre du ciel car les énergies célestes sont au nombre de six et constituent les trois yin et les trois yang célestes.

Rêve d'oiseaux (peinture de l'auteur).

Il faut penser que chacune de ces énergies (2) célestes, en combinaison ou en opposition avec les cinq énergies (3) terrestres influencera le psychisme du rêveur. Ainsi, l'énergie du feu, qui représente la force vitale de cohésion, favorise les mutations. Les six ibis représentent aussi les six directions de l'espace : les quatre cardinales, le zénith et le nadir. Mais, bien que chiffre solaire, le six comporte un aspect féminin, d'où la transformation du lac de lumière en argent qui est un symbole lunaire de réceptivité créatrice et de purification. L'argent est un métal à l'écoute de la lune. Contrairement à l'or qui, lui, rayonne intérieurement et extérieurement, l'argent ne rayonne que de cette dernière manière.

Du point de vue psychanalytique, l'oiseau du rêve symbolise souvent la personnalité du rêveur. Pour le chaman, par contre, il est sa monture, facilitant son vol extatique. C'est un aigle qui rapporte le soma, cette liqueur d'immortalité servie en offrande aux dieux et donnée aux mortels pour communier avec eux. Ainsi, le simorgh, dans la littérature persane, sert d'intercesseur entre le monde divin et le monde des hommes.

Dans certains rêves, notamment les rêves-visionnaires comme celui du lac de lumière, il faut dépasser l'interprétation symbolique car, outre leur dimension occulte, ces rêves-là expriment des réalités énergétiques. Il s'agit là de rêves réellement vivants.

S'il est des oiseaux solaires, il en est d'autres affiliés aux différentes planètes. Ainsi, pour Vénus, la tourterelle, le rossignol (qui est aussi un oiseau lunaire), le ramier, la colombe, le pigeon. Pour Mercure, nous avons l'hirondelle, la pie, le chardonneret, le roitelet, la grive. Pour Jupiter, la perdrix, l'alouette... pour Mars, l'épervier, le pivert, de même que la plupart des animaux féroces. Pour Saturne et la Lune, nous avons un bon échantillonnage d'oiseaux nocturnes tels que l'orfraie, le hibou, le grand duc, la chouette, la chevêche.

---

2. Ces énergies célestes en mouvement dominent à tour de rôle, pendant une année et cela selon un cycle de six ans.

3. Les six énergies célestes qui sont toujours en mouvement sont : le froid, la chaleur, la sécheresse, l'humidité, le feu, le vent. Elles sont en outre porteuses d'entités à double aspect, étant chacune une ENTITE PROPRE.

Rêver d'oiseaux qui voltigent en tous sens veut dire, sur le plan magique, que l'on est visité de pouvoirs inutilisés qui risquent de se retourner contre nous. Sur le plan symbolique, cela signifie désarroi mental, menace de troubles graves.

L'oiseau est le médiateur du ciel et de la terre. Il représente non seulement le pouvoir d'équilibre, mais il est aussi le messager des forces subtiles. Rêver d'oiseaux colorés qui volètent joyeusement autour de nous signifie que nous allons connaître l'inspiration et l'éveil, car l'oiseau représente aussi le feu spirituel qui brûle en nous-même.

Mais l'oiseau du rêve, comme toute chose, peut être double. Ainsi me fut relaté, par une jeune femme, le cauchemar suivant :

« Je me trouvais dans une misérable cabane avec mon fils (un bébé de quatre mois) qui dormait dans un vieux berceau bancal. Il faisait très froid, d'autant plus que dehors, sur la plaine aride et morne qui nous entourait, soufflait continuellement un vent glacial. Le jour diminuait rapidement et l'angoisse étreignait mon cœur car je savais que la nuit serait pleine de dangers. Comme je recouvrais mon enfant de la loque qui me servait de couverture, il se mit à s'agiter et à gémir. Une sourde menace, venue de l'extérieur et pénétrant mon cœur comme une vibration, m'attira vers la porte car j'étais décidée à protéger mon fils. Je regardai le ciel : il était devenu de plus en plus sombre et, soudain, je vis se détacher de lui un oiseau noir, un énorme corbeau aux yeux rouges qui fonça sur moi. Il m'attaqua à coups de griffes et de bec, voulant entrer pour, je le savais, attaquer mon fils. Malgré les coups qu'il me porta, je parvins à le repousser une fois, deux fois, trois fois. Voyant qu'il ne pourrait forcer l'entrée, il s'envola à tire-d'aile en croassant sinistrement. Bien que meurtrie, ensanglantée, j'éprouvai un intense sentiment de soulagement car je savais que je venais d'accomplir un acte extraordinaire : j'avais éloigné le malheur. »

Peu après ce rêve, l'enfant tomba très gravement malade. Il ne dut son salut que grâce à des soins énergiques et à la grande sollicitude de sa mère qui le veilla nuit et jour et l'imprégna d'influx bénéfique.

Ce rêve traduit bien d'ailleurs, sur le plan symbolique, l'état moral de la mère, son peu de possibilités compensé par son instinct de défense et son courage. Il traduit également, sur le plan psychique, l'état de l'enfant.

Sur le plan magique il s'interprète différemment. Il s'agit là d'une tentative de rapt du double d'un enfant par un esprit mauvais, chose que connaissent bien les chamans qui ont pour habitude de lutter contre les forces maléfiques. Donc, l'esprit-mauvais, sous forme d'oiseau noir, a attiré le double de l'enfant dans un de ses paysages-pièges (4) pour le dévorer mais, étant relié à tout point de vue à son enfant, le double de la mère est allé, en rêve, sauver son fils ; sans cela, l'enfant serait mort peu de temps après.

Pour cela, la mère dut faire front et payer le prix du sang, c'est-à-dire de sa vitalité. Mais, si elle a empêché son enfant de mourir avant que l'événement se passe sur le plan réel, elle n'a pu lui éviter de tomber malade, car il avait déjà été contaminé par l'esprit de la maladie qui l'avait enlevé et mis dans cette lutte.

Rêver d'oiseaux de nuit change de beaucoup le sens d'un rêve ayant trait aux oiseaux en général. L'oiseau de nuit ne participe pas de la même filiation astrale que l'oiseau diurne. Il en est même à l'opposé. Les influences et entités planétaires qui les dominent et les dirigent sont également totalement différentes, les oiseaux nocturnes, nous l'avons vu, étant surtout reliés à la Lune et à Saturne.

Rêver de chouette, par exemple, n'est pas forcément de mauvais augure car cet oiseau est lié à la conscience de la nuit. Ce rêve peut être un appel à la clairvoyance ou l'apport de ce don. Il suffirait que le rêveur en prenne conscience pour qu'il le développe. C'est pour cette raison que la chouette est l'attribut des devins. Mais elle est aussi la gardienne des portes obscures de la terre. On l'associe aux forces chtoniennes car son cri aimante les âmes émotives des morts qui vont dans la forêt (5) pour se purifier et se régénérer. Son cri rythme également le ballet des esprits nocturnes et, là où se trouve une chouette, se trouve également une partie forte de l'âme de la forêt. Mais, bien que psychopompe,

---

4. Les Esprits du Rêve, agissant sur la plasticité du monde astral, ont le pouvoir de créer des lieux, des objets magiques, bons ou mauvais, destinés à attirer le double des rêveurs afin de les instruire ou les détruire.

5. Le bois, par ses propriétés attractives, est un condensateur d'âmes et d'esprits.

Rêve d'air. Pour celui qui sait développer ses perceptions spirituelles, l'air est peuplé d'entités éthériques porteuses de rêves (peinture de l'auteur).

cet oiseau est également lié à la croissance des végétaux. Il est aussi l'allié de l'Esprit-Maître des Eaux. Le dictionnaire des songes lie un peu trop sommairement d'ailleurs le rêve de chouette à une mort dans la famille, à un deuil.

Pour ma part, je voudrais relater un de mes rêves ayant trait à la chouette : « Lors du solstice d'hiver et ne pouvant accomplir les rites en rapport dans ma forêt habituelle pour honorer l'Esprit de l'Hiver (que j'appelle Le Vieux), je donnais mes instructions à mon assistant pour qu'il puisse exécuter ce rite sans moi, au mieux possible. »

« Séparés l'un de l'autre par plus de mille kilomètres, je rêvais, cette nuit-là, de la forêt où nous avions l'habitude d'aller pratiquer. D'abord, je la vis en plan général, puis vint se superposer, lentement, la tête verte et transparente d'une immense chouette et il me fut soufflé par elle (intérieurement) une formule magique pour faire venir le vent, formule dont je me sers depuis, avec succès d'ailleurs, pour certains rites à la pleine lune. »

Ce rêve développa ma clairvoyance et apporta d'importantes révélations à mon assistant, que ce soit sur le plan de veille ou sur celui du rêve.

2. L'air et la tempête

On ne peut parler d'oiseaux sans parler de l'air, de cet air qui les porte et leur communique sa sensibilité. L'air est le domaine des esprits et de l'Esprit car il est « porteur d'âmes » (6). Le contact le plus « concret » de l'homme avec l'air s'exprime par la voix.

L'air est une surface sensible, porteuse de vie. C'est un symbole de spiritualisation. Le manque d'air dans le rêve signifie une asphyxie psychique. Dans la « mythologie » hindoue, Vayu est considéré comme le souffle vital identifié au verbe. L'air et le son vont de pair.

Le dictionnaire des songes dit que ceux qui, en rêve, voient l'air clair et serein seront aimés et estimés de tous ; leurs ennemis et leurs envieux ne désireront que se réconcilier avec eux.

Rêver que nous aspirons de l'air pur signifie que nous avons besoin de nous aérer l'esprit, de nous purifier intérieurement. Cela

6. *Le Chaos Sensible* de Théodore Schwenk (Editions Triades).

signifie également que nous avons besoin d'énergie vitale parce que notre foie fonctionne mal, car l'air est lié au bois, selon la tradition chinoise, et le bois, qui est un végétal, est lui-même lié au foie.

La tempête est un remuement d'esprits. Rêver de tempête veut dire, au premier degré, que nous avons besoin d'un bon nettoyage mental, car elle a pour effet de déraciner les arbres malades ou morts. Dans l'inextricable forêt de nos pensées, combien d'arbres sans vie empêchent les autres de s'élever vers le soleil de l'âme ?

Dans son sens magique, le rêve de tempête signifie le passage d'un Pouvoir. Etant une manifestation des plans supérieurs, ce rêve peut être pris comme un signe destiné à prévenir le rêveur qu'il n'est plus maître de ses forces spirituelles. Mais tout cela dépend du contexte du rêve.

Un homme atteint de pleurésie rêva qu'il était pris dans une violente tempête qui le fit suffoquer mais qui lui arracha une force noire de la poitrine. Peu après ce rêve, il entra dans la voie de la guérison.

Parfois, le double du rêveur va s'imprégner dans une tempête des forces vitales issues des puissances de l'air, car le vent est avant tout d'origine divine. Pour les hindous, il est le souffle de Varouna, dieu de la Souveraineté Universelle.

Mais la tempête est aussi annonciatrice de malheurs ou porteuse de méfaits. On a souvent remarqué, au cours de l'histoire, qu'à la veille d'une épidémie (telle la fameuse peste à Marseille au XVIIIe siècle), d'un cataclysme ou de tout autre drame, soufflait une tempête transportant avec elle les germes du malheur. Autant l'orage, et surtout l'éclair, peuvent être signe de révélation, autant la tempête exprime dans son sens négatif une menace pour le psychisme.

J'ai connu un médium qui, chaque fois qu'il allait recevoir une révélation très importante, révélation ayant des répercussions sur le plan mondial, rêvait de tempête.

Il m'a été donné, lors d'une initiation chamanique, de rêver que je battais le tambour pour appeler les esprits. Peu à peu, une tempête extraordinaire s'éleva, m'enveloppa de façon protectrice. Dans les tourbillons d'air que je pouvais voir, se développaient des Centres de Forces Conscientiels qui dardaient sur moi, comme des rayons, leurs merveilleux Pouvoirs.

Rêves d'air (illustration de l'auteur).

8

Les rêves de poissons

Dans l'interprétation psychanalytique des rêves, le poisson est lié au sexe masculin et il est, pour cela, symbole de libido, comme l'eau représente un élément maternel.

Sur le plan magique, le poisson n'a pas une valeur aussi primaire. Il est l'expression fragmentée du maître-esprit de l'eau dans laquelle il se trouve. C'est un esprit en voie d'évolution, imprégné de la puissance magique des profondeurs. Il porte en lui la spiritualité de l'eau et ses écailles sont comme autant de miroirs captant cette spiritualité mystérieuse, ténébreuse. Le poisson c'est aussi l'idée et, comme elle, il part en flèche sur sa proie.

Dans toutes les croyances anciennes, le poisson a été objet de culte, que ce soit en Egypte ancienne la déesse appelée l'Elite des Poissons, ou l'avatar du poisson (Matsya avatâra) dans la « mythologie » hindoue qui raconte comment le Sage Manu fut sauvé du déluge, tel Noé, par l'avertissement d'un poisson qu'il laissa en vie.

Cette rencontre avec le Poisson-Esprit se retrouve dans bien des contes où le pêcheur bénéficie des dons du poisson (presque toujours aux écailles d'or) qu'il vient de relâcher. D'ailleurs, le poisson d'or est l'expression du principe solaire émergeant de l'eau, du feu spirituel issu de l'eau spiritualisée. Mais le double aspect des choses peut faire aussi du poisson l'animal de la gloutonnerie et de la férocité, que ce soit dans l'eau salée comme dans l'eau douce : requins, piranhas, brochets. Le *Traité des Influences Errantes* représente les poissons comme étant les formes inférieures des morts.

Toujours est-il que le poisson est l'émanation matérialisée de l'Esprit des Eaux et que rêver de poissons évoluant dans l'eau claire est extrêmement bénéfique. Rêver de poissons d'or sautant hors de l'eau est non seulement un rêve de transmutation, mais aussi de pouvoir magique, de création artistique originale et de réussite.

Le poisson est un symbole de sagesse. D'ailleurs, le grand sage babylonien Oannès ne fut-il pas représenté sous forme de poisson ?

Une eau sans poisson traduit un état de désolation et d'appauvrissement. Souvent, le double d'un dormeur va se régénérer, au cours de ses pérégrinations oniriques, en approchant certaines eaux ou en s'y baignant. Rêver de noyade signifie par contre, au point de vue médical, un excès de yin, des troubles des reins et de la vessie, une diminution de la sensibilité auditive ou une perte momentanée de clairaudience, car l'ouïe est liée à l'eau, à moins que ce soit une maladie des os ou de la moelle. Ce rêve traduit, sur un autre plan, une dangereuse submersion du psychisme. Mais il n'est pas forcé que rêver de noyade entraîne aussitôt une telle fin, car le rêve nous prévient toujours à l'avance de ce qui peut nous menacer.

Rêver de porc est aussi lié à l'eau car c'est un animal yin et il peut être associé aux forces infernales ou à un excès de tellurisme. Les céréales en correspondance avec les entités des eaux sont, en particulier, le pois et le soja.

Donc, imprégné de la puissance spirituelle de l'eau, de la tension électrique des rives, telle la truite de nos rivières, le poisson est l'animal des mutations psychiques et, souvent, de la guérison. Ainsi, un névrosé rêva, peu avant sa guérison, qu'il pêchait et ramenait dans ses filets une quantité de poissons aux couleurs merveilleuses.

Le poisson est également un symbole de fécondité car il a le pouvoir de se multiplier rapidement. Dans les contes russes, la daurade est prise comme symbole de fécondité. En Alsace, la nuit de la Saint-Jean, les jeunes filles mangent du hareng dans l'espoir de découvrir, en rêve, leur futur époux.

Rêver que l'on empoigne un gros poisson à bras-le-corps et qu'on lutte avec lui représente un conflit du rêveur avec son

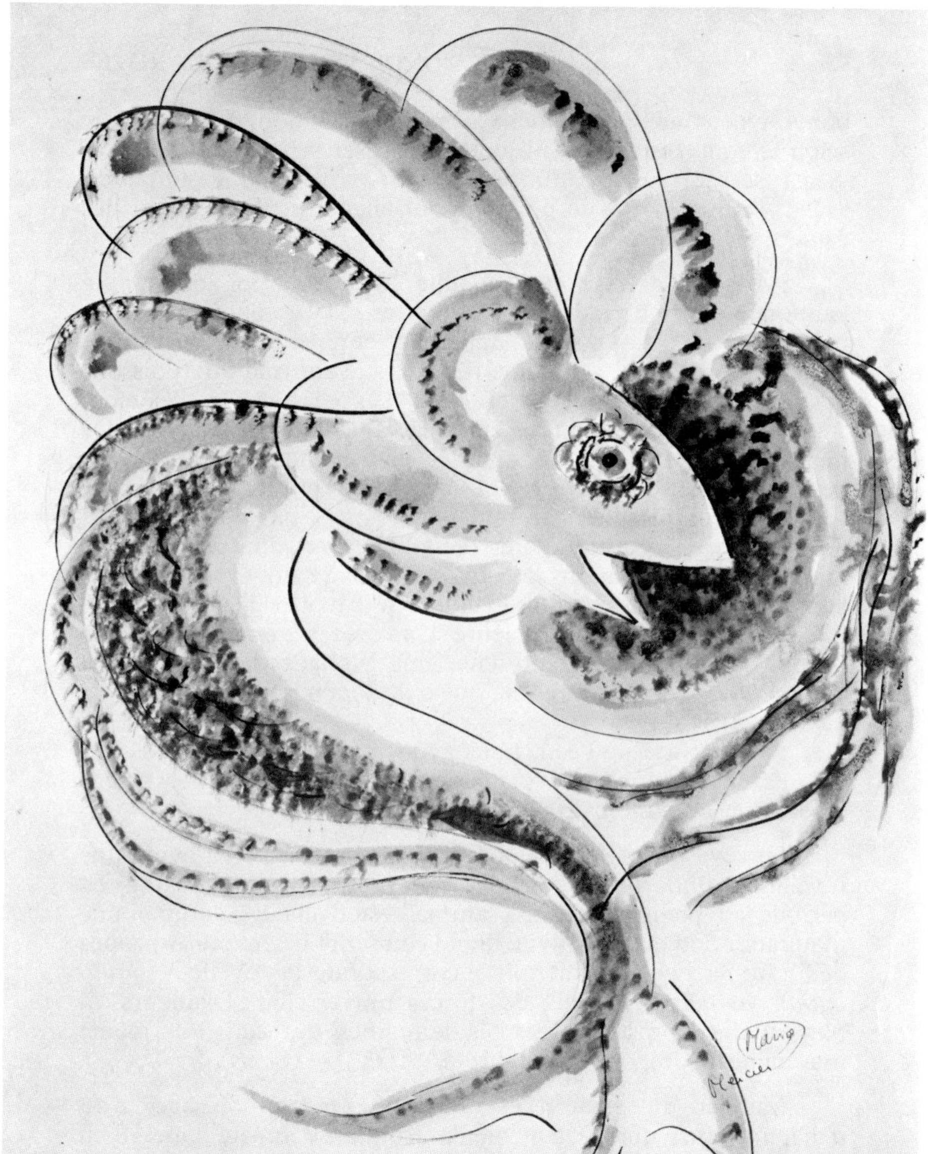

Rêve de poissons (dessin de l'auteur).

pouvoir personnel. Tous deux sont en opposition, à moins que, selon le contexte du rêve, il doive maîtriser son pouvoir (1).

Il se peut aussi, comme cela m'est arrivé, que le double du rêveur se transforme en poisson pour aller se revitaliser dans les eaux astrales du rêve.

Symbole de vie et de fécondité, le rêve de poisson signifie l'annonce d'une période heureuse, mais cela à condition que le poisson du rêve soit de belle apparence et émerge à la surface de l'eau. Il n'en est pas de même des rêves ayant trait aux poissons des profondeurs car ceux-ci étant l'expression de l'élément souterrain, obscur, ils incarnent parfois des esprits mauvais. De même, la remontée de poissons de hauts fonds à la surface de l'eau exprime en rêve l'exhumation de puissances secrètes, souvent incontrôlables.

Il faut encore considérer dans l'interprétation des rêves se rapportant aux poissons les trois sortes de zones d'eau dans lesquelles ils sont censés évoluer, à savoir : l'eau de zone inférieure, moyenne et supérieure. Une descente en rêve dans une zone d'eau inférieure représente une plongée dans le monde chtonien qui pourrait être une quête de soi en passant par la voie des ténèbres.

A la surface de l'eau, nous avons par exemple les poissons volants, les dauphins, les poissons solaires que les Anciens associaient au culte d'Apollon.

Le rêve de poisson signifie souvent que l'on va avoir une révélation importante dans les jours qui suivent, surtout en période de pleine lune. Cet animal est d'ailleurs comme une matérialisation de l'émotivité dont l'eau serait l'élément. A propos de l'Eau, Bachelard disait qu'elle correspond à la voyelle A (*aqua, agua*), voyelle de l'appel des forces universelles. D'ailleurs, la plupart des noms de divinités féminines des eaux, et même masculines, comportent la lettre a.

Manger du poisson est en rêve un bon présage, c'est d'ailleurs ainsi que le conçoit l'oniromancie musulmane. Bien qu'étant considéré comme une image du Christ et nourriture

---

1. Le pouvoir magique n'est pas du tout comparable au pouvoir profane. Il est pris ici dans le sens de « pouvoir faire », sur le plan occulte naturellement.

eucharistique, le poisson reste une créature ambiguë, fascinante et fuyante.

En rêver est souvent signe de renouveau et met le rêveur en rapport avec les ondes issues de la constellation qui porte son nom : celle des Poissons.

Il faut également tenir compte de l'espèce à laquelle le poisson appartient si l'on peut évidemment l'identifier. Si notre double rencontre le saumon du rêve, c'est bon signe : nos perceptions vont s'ouvrir et peut-être même allons-nous acquérir le don de prophétie. Rêver que l'on mange du saumon favorise la voyance et signifiera souvent pour une femme qu'elle sera enceinte.

Est également important pour l'interprétation le type d'eau dans lequel vivent les poissons, tels lacs, rivières, torrents, étangs, mers, océans, eaux souterraines... ainsi que la couleur de ces eaux qui est somme, toute la couleur du sein maternel ; noire est la couleur du Styx.

Les rêves de baleine nous mettent en rapport avec l'élément maître des poissons. Cet élément est double, masculin extérieurement et féminin intérieurement. Dans certaines légendes la baleine fait figure de matrice primordiale. Ainsi Jonas qui fut englouti par elle avant d'être rejeté de son ventre.

Le rêve de baleine ne peut laisser le rêveur indifférent car il s'adresse à un haut degré du psychisme situé dans des zones lointaines. Il est lié à une transformation alchimique de l'esprit du rêveur qui doit régresser (retour à la matrice universelle par l'avalement) pour incuber avant d'être rejeté (c'est-à-dire renaître). Ces phases de mort et de renaissance dans les eaux primordiales sont des phases que doit traverser le futur initié et qui le mettent face aux mystères de la Vie et des espèces.

Mais les rêves de baleine peuvent aussi annoncer un événement inattendu, le surgissement de puissances redoutables, tels que raz-de-marée, tremblements de terre.

Sur le plan symbolique, le rêve de baleine peut être associé à l'idée de la mère abusive, engloutisseuse, de même que celui du narval (surnommée licorne de mer à cause de sa longue canine) l'est à celui du père autoritaire. Néanmoins, le rêve du narval sur le plan occulte met le rêveur en présence des forces magiques de la mer ; il est de très bon augure car, si ce mammifère lui est concilié, cela signifie forte protection pour le rêveur.

Rêver de carpe met en relation avec les divinités de l'eau dont elle est la messagère. Ce poisson porte en lui les secrets de l'Autre Plan et sa rencontre dans le rêve est un signe de fécondation psychique. Il arrive parfois que les femmes désirant un enfant ou étant enceintes rêvent de carpes qui agissent alors comme un relai des puissances créatrices.

L'anguille est également une messagère, et ses messages peuvent être issus de différents plans : monde des eaux ténébreuses, monde des eaux supérieures et lumineuses. Cela tient à sa double nature qui est à la fois celle du poisson et du serpent.

Manifestation du Dieu, de la Déesse, des génies, des fées ou des démons des eaux, de même que des esprits des morts, le poisson est un élément déterminant du rêve. Son apparition est souvent liée à un changement soit d'ordre matériel, soit d'ordre spirituel, si ce n'est les deux à la fois. Il touche souvent à un niveau subtil de la terre car il est l'expression sublimée du Yin et son médium, d'autant que l'eau est une surface sensible enregistrant les vibrations universelles. Mais étant une créature double, il faut tenir compte aussi que les démons, issus du souffle du Yin, c'est-à-dire de l'eau, peuvent prendre l'apparence d'un poisson. Celui-ci sera extrêmement cruel et vorace, tel le piranha, le requin, etc. Son aspect sera plutôt biscornu, sa forme lourde, sa couleur sombre, ses dents énormes, sa nage lente, il se tiendra souvent embusqué dans les eaux sombres et dormantes du rêve. Porteur des germes de l'angoisse, de la malchance, de la maladie ou de la mort, il faudra se méfier de cette sorte de poisson-là. Pour combattre sa mauvaise influence, de même que toute mauvaise influence, il faudra brûler du foie et du cœur de poisson un vendredi, comme de bien entendu.

9

Incubes et succubes dans le rêve

La connaissance du symbolisme ne suffit pas toujours dans l'interprétation des rêves, car elle n'est qu'un degré de sa traduction, quoique Jung compare le symbole à une machine transformatrice d'énergie. Bien qu'apparemment différenciées, toutes les interprétations d'un rêve (que ce soit sur le plan symbolique, psychologique, médical, initiatique, sacré...) concordent en profondeur. Toutes ces valeurs mises à jour amèneront la personne qui a rêvé à avoir une vue générale sur elle-même. Elle saura ce qui ne va pas sur différents plans d'elle-même et ce qu'elle devra faire. Mais il arrive que certains rêves ne se servent plus d'aucune allusion savante, ni masque, ni parade et je pense surtout aux rêves prémonitoires et prophétiques. Pour cela, il n'est plus nécessaire de les interpréter, car ils doivent être pris dans leur sens littéral.

Le tort de l'homme actuel est d'avoir tout compliqué et la psychanalyse, qui est un système basé avant tout sur la phénoménologie, a emprisonné l'homme au lieu de le libérer. Elle a donné une dimension abstraite à toutes choses, coupant en l'être humain tout lien avec le monde occulte. Pour cela, elle se sert d'un langage-code, de tests qui essayent de mettre l'esprit en équation tout en le coupant de ses bases magiques et émotionnelles.

Non, l'imaginaire n'est pas une croyance comme le proclame Sartre (1). L'imaginaire est un reflet de l'Imagination (2).

1. *L'Imaginaire*, J.-P. Sartre (Gallimard).
2. Ne pas confondre l'Imagination et les imaginations qui sont les dérivés personnalisés et amoindris de cette faculté divine.

L'Imagination est la seule faculté qui reste à l'homme pour communiquer avec les entités de l'Invisible Universel.

Tous les rêves ne sont pas chargés d'efficacité magique car il est de petits rêves, issus d'entités secondaires, qui viennent occuper le corps dans lequel ne réside plus que sa prise de terre : l'ombre. Ces entités « s'habillent » d'ondes émotives ou obsessionnelles prises dans la mémoire du rêveur.

Connus sous le nom d'*incubes* et de *succubes,* ces élémentals (3) ont le pouvoir d'entretenir avec les êtres humains et même les animaux, surtout en rêve, des rapports sexuels intenses dont certains seraient favorables et d'autres défavorables.

La pensée obsessionnelle, l'idée fixe, créent ou attirent très souvent cette sorte d'élémentals vivant dans l'environnement humain et dont le but est de soutirer au rêveur (4) son énergie magique contenue en grande partie dans son sperme. Les rêves de copulation suivis d'éjaculation réelle en sont une conséquence, bien que, parfois, l'élémental incube ou succube agisse ainsi pour libérer le dormeur d'une charge sexuelle négative parce que trop longtemps refoulée.

En jouant ainsi un rôle de vampires ou d'éboueurs, ces élémentals vitalisent, par résonance, les Puissances de l'Astral ou du Bas Astral selon leur degré d'élévation, de même que l'Entité Archétype auxquelles ils sont reliés.

Il est arrivé que des incubes (élémentals mâles) ou des succubes (élémentals femelles) s'attachent à un être humain au point de réaliser avec lui une osmose magnétique et magique. Alors, l'élémental prendra de l'intelligence de son partenaire humain et de sa vibration, tandis que celui-ci augmentera son pouvoir attractif et réceptif, d'où l'effet sensuel irrésistible qu'exercent certaines personnes au physique parfois ingrat et dont le rayonnement s'appelle charme. Mais cela n'est pas toujours vrai, car le charme est également un pouvoir de l'essence de l'être

---

3. Ces élémentals se nourrissent également des fluides humains, de leurs formes-pensées dont ils se revêtent comme d'un matériau éthérique, de déchets psychiques et physiques, de fumets de viandes, d'odeurs de sécrétions, de déjections, etc. Les élémentals de la nature sont choses différentes.

4. Ces élémentals peuvent également se matérialiser à l'état de veille, mais c'est plus rare.

Le rêve est la projection du double (corps astral) **hors de son gîte de chair** (peinture de Marité Mutz).

qui rayonne à travers l'écorce de chair. L'incube et le succube du rêve peuvent également aiguiser la sensorialité du rêveur et développer sa puissance imaginative, car c'est avec le sexe (cet organe sensoriel de l'âme) qu'est fabriqué l'éther psychique.

A l'origine, le phallus était magique et son sens est très profond, car il enfanta l'Imagination en déclenchant la faculté pensante de l'être. Mais cela sort du cadre du sujet.

J'ai connu, entre autres, le cas d'un homme qui, dans ses rêves, subissait souvent la visite d'une femme très belle, énigmatique, qui l'obligeait à des voluptés harassantes qui le laissaient, pendant plusieurs jours, sans ressort. Avant de le quitter, elle « signait » sa victime d'une morsure à la poitrine.

Je pratiquai sur cet homme, qui n'était plus que l'ombre de lui-même, les exorcismes oniriques en conséquence et, la démone de ses rêves ne revenant plus, il retrouva sa pleine santé.

Ces rêves de captation et de possession par des esprits néfastes, larves, démons, spectres, vampires, sont plus fréquents qu'on ne le pense. C'est d'ailleurs un tort de vouloir interpréter ces rêves, car ils ont bien souvent un sens littéral.

Le vampirisme en rêve se fait à plusieurs niveaux et il arrive ainsi que des doubles de rêveurs entrent en conflit, s'affrontent, se combattent et se volent mutuellement de l'énergie. Des conjonctions magiques favorisent aussi la rencontre de doubles à doubles dans la période du rêve par des personnes séparées géographiquement.

10

Rêves de chiens et de chats

1. Le chien

Chaque être humain possède un gardien majeur et plusieurs gardiens mineurs. Parfois, ces gardiens sont inopérants, cela dépend du pouvoir, de l'acquis et du karma (1) de l'individu. Ainsi, le chien, qui est notre plus vieux compagnon, notre gardien, animal magique par excellence puisque psychopompe, peut parfois devenir hostile au rêveur.

Un homme rêvait souvent qu'il était menacé ou attaqué par un chien chaque fois qu'il se livrait à des excès sexuels qui le détérioraient. S'aliéner le chien du rêve, c'est retourner contre soi ses propres énergies qui, de positives, deviennent négatives parce que mal utilisées.

Cet animal-frère, puisque étant le plus vieux compagnon de l'homme, symbolise en rêve les forces instinctives. Le chien est le gardien de notre tour intérieure. Lorsque nous ne sommes plus en harmonie avec notre rythme propre, le chien du rêve se retourne contre nous et nous attaque. Le chien est lié à l'autre seuil, celui qui mène à la porte d'entités terrestres. Il garde et prévient les puissances secrètes, d'origine chtonienne, des intrusions étrangères. Le chien est très sensible au monde des esprits et, par ses aboiements, peut les attirer ou les disperser.

---

1. Le Karma, du sanscrit : *action,* est la conséquence de la cause et de l'effet, chaîne reliant toutes les actions à leur résultat. La loi du Karma peut faire que l'homme naisse sous des influences difficiles.

Ainsi, pour les sociétés à mentalité magique, le chien peut être le compagnon du mort, le guide et le protecteur de son âme. Les anciens Mexicains élevaient spécialement des chiens pour qu'ils puissent accompagner et diriger le mort dans l'autre plan. Chez les Golds, par exemple, le mort partage sa sépulture avec son chien afin que celui-ci chasse les influences néfastes. Au Congo, l'apparition du chien en rêve prévient qu'une opération de sorcellerie est en train de se préparer quelque part.

Le chien a le pouvoir de substitution ou d'identification avec son maître. Dans la mythologie grecque, Hécate (2), divinité nocturne, pouvait se transformer soit en jument, soit en chien. Les chamans, lors de leurs travaux extatiques, ont souvent affaire à des chiens qui gardent les portes de la demeure du Seigneur des Enfers.

Le chien n'est pas seulement le conducteur des âmes défuntes, symbole de fidélité absolue, il possède en outre des qualités médicinales (3). Il est aussi le symbole de la satisfaction sans frein de tous les appétits sexuels. Les rêves de chiens méchants sont souvent liés à de troubles agissements sexuels. Dans le *Dictionnaire des Rêves,* rêver de chiens comporte de très nombreuses significations. Ainsi, rêver de chien blanc veut dire malheur prochain, de chiens noirs trahison d'amis, de chiens et de chats : dispute, contradiction. S'il mord : chagrin suscité par des ennemis. Chiens qui se battent : embûches ; qui aboient : calomnie. Si l'on entend aboyer un chien, c'est signe que l'on gagnera un procès en cours.

Pour l'Islam, le chien est symbole d'avidité, de gloutonnerie ; c'est une créature impure. Les Jnûn (génies) apparaissent souvent sous forme de chiens noirs. Entendre aboyer un chien près d'une demeure est présage de mort. Manger de la chair de chien est un antidote contre la magie noire. A noter que, en homéopathie, on soigne la perte de personnalité, les troubles mentaux, selon les cas et les symptômes bien sûr, en donnant du lait de chienne dynamisé *(lac caninum)* sous forme de granulés ou en dilution. Ce médicament a également la propriété d'agir sur les congestions de la glande mammaire.

---

2. Cette déesse fut d'abord adorée en Thrace sous le nom de Bendis.
3. Il accompagne Asclépios, dieu de la Médecine.

Rêves de chats. Animal étrange, furtif, silencieux, le chat est une expression de la secrète puissance lunaire (dessin de l'auteur).

Le chien est une éponge à esprits et ses aboiements sont chargés d'entités vivantes que les périodes de pleine lune réactivent. Il est souvent pris, dans les peuples de mentalité magique, comme symbole du feu car, tel un foyer, il absorbe et brûle non seulement toutes sortes d'aliments, mais aussi les déchets émotionnels et psychiques de l'homme. En Chine, on fabrique des chiens de paille destinés à capter les influences malignes et que l'on brûle après l'offrande au mort. Pour les alchimistes, le chien mangé par le loup représente l'avant-dernière étape amenant au Grand Œuvre.

Je pourrais ainsi citer le rêve alchimique d'un homme qui se voyait transformé en chien et en train de se dévorer lui-même. Cet homme, qui n'en était qu'au tout début du long chemin initiatique, avait surtout, alchimiquement, besoin de purification.

2. Le chat

Y a-t-il un animal plus étrange, plus énigmatique, plus proche et plus lointain de l'homme que le chat ?

Animal lunaire que vénérait, sous l'aspect de la Déesse Bastet, l'Egypte ancienne, le chat est le représentant de la plus ancienne religion du monde ayant pour base de son culte l'adoration de la féminité terrestre et cosmique. Cette religion, tenue par des femmes, persécutée et tombée en désuétude au cours des âges, fut reléguée, par un christianisme intolérant, au rang de base de sorcellerie.

Grand emmagasineur de fluide vital, le chat demeure un animal magique par excellence, et rêver de chats nous met en rapport avec les pouvoirs positifs ou négatifs de la Lune, selon le thème du rêve.

Souvent, les génies de la Lune prennent dans les rêves l'apparence de chats. Sous son aspect bénéfique, le rêve de chats exprime le pouvoir de voyance, car cet animal voit la nuit. D'autre part, rêver de chats signifie l'apport de nouvelles forces vitales et magnétiques pour le rêveur, issues de la Terre et de la Lune.

Sous son aspect négatif, le rêve de chats représente l'intervention de forces mauvaises, de forces non maîtrisées, de destruction. Cela se verra surtout à la couleur du regard du chat, laquelle sera plutôt d'un vert acide et à l'éclat de ce regard.

Mais en général, le rêve de chats est souvent favorable, car cet animal est relié au double vital de l'être, et agit comme un guide et un gardien silencieux des mondes parallèles où il conduit le rêveur et le préserve des influences néfastes.

Symbole de sagesse supérieure et d'adresse, le passage du chat dans le rêve révèle sur le rêveur un éveil du don de clairvoyance lié à une période bénéfique.

Rêve de paysages. La montagne est symbole d'élévation, mais peut être aussi l'obstacle que l'on doit franchir.

11

Rêves de paysages

1. Le Paradis

Les ancêtres rêvent aussi en nous, ou plus exactement, le rêve nous permet de les rejoindre et de prendre contact avec leur dimension et nous découvrons avec surprise qu'ils vivent dans des paysages merveilleux, sorte de Paradis dont certains se rapprochent aux plus belles régions de notre terre.

Là y coulent des eaux d'une pureté exceptionnelle. Des arbres fruitiers chargés de fruits habités de génies se dressent. Des fleurs vivantes, parfois douées de la parole émaillent les prés. Ce genre de rêves signifie que notre double a accédé à un plan supérieur où le conte de fées est réalité, car le conte n'est que ressouvenance d'un âge d'or terrestre aujourd'hui disparu.

Parfois le paysage est un dieu ou une déesse qui a pris cette forme, à moins qu'un génie ne se manifeste sous forme de rocher, d'eau pure, de lumière, d'arbre, d'animal fabuleux, d'être humain doté d'une beauté et d'un rayonnement quasi surnaturels.

En nous vit l'Eden ; toutes nos cellules sont imprégnées de son empreinte féerique qui subsiste au-delà du temps et de l'espace. Et, que nous le voulions ou non, la nostalgie secrète que lève l'évocation de son nom nous ramène à une obscure et lointaine ressouvenance, d'un temps d'harmonie et de puissante sensorialité qui n'existent plus et où l'homme se souvenait du ciel et de ses origines.

Rêver de Paradis signifie que l'on a accédé à un plan de conscience supérieure qui nous permet d'entrer en relation avec un centre divin qui réside dans l'aubier de notre âme.

Le paysage féerique nous met aussi en relation avec différentes divinités qui parfois se présentent d'abord sous des aspects rébarbatifs ou attirants pour nous éprouver ou nous séduire. Cela dépend de notre épanouissement spirituel. Lors d'un de mes meilleurs moments d'exaltation magique, après un rite fait à la Terre-Mère dans la forêt, j'avais rêvé d'une femme que je tenais serrée dans mes bras et que j'aimais profondément. Elle était blonde, belle, assez plantureuse et plus je lui donnais de tendresse, plus elle se mettait à grandir, au point qu'elle m'enleva dans l'espace pour devenir finalement une chaîne de montagnes au-dessus de laquelle je flottais un certain temps avant de me poser doucement devant une grotte où, poussé par une force irrésistible, je pénétrais. Elle était pleine de cristaux chanteurs dont les sons m'extasièrent. C'est d'elle, de la Terre, notre Mère de toute chose, que je venais de rêver.

L'inaccessibilité de l'homme à son paradis intérieur fait qu'il s'est refroidi psychiquement et émotionnellement au profit d'un intellectualisme abstrait, qui est coupé de toutes relations avec l'intelligence supérieure. Cette inaccessibilité l'empêche d'entrer en contact avec les divers paradis qui se situent chacun à l'empyrée des plans parallèles.

Plus le paysage du rêve est luxuriant, plus l'activité céleste est élevée. Les paysages pauvres, tristes, voire sinistres témoignent d'un grand état morbide et d'un manque d'élévation spirituelle. Clarté, printemps éternels, humanité de tout ce qui y vit, telles sont les caractéristiques des fascinants paysages de l'âme.

2. La montagne

Dans le paysage du rêve, la montagne a également une fonction importante. Sur le plan symbolique elle a une double signification car elle peut être obstacle ou élévation. Mais souvent le rêve de montagnes traduit la rencontre avec un centre spirituel assez fort, car elle est la demeure des Génies ou des Dieux. Lieu de pureté et d'immuabilité elle est ce qui permet de s'élever au ciel. Certaines sont considérées comme des axes cosmiques, véritables réceptacles de l'énergie céleste, tels par exemple le Meru aux Indes, le Fuji-Yama au Japon, l'Elbrouz... et d'autres telles que le Quaf qui ne peuvent être atteints par aucun moyen physique, ou le Monsalvat du Graal qui se trouve parmi des îles inaccessibles.

Il y a également les montagnes du plan astral et les montagnes reflets qui sont à l'intersection du monde terrestre et du monde astral. Ces dernières se distinguent des deux premières par leur élévation et leur rayonnement particulier. Souvent elles ont des cimes auxquelles on ne peut accéder par la voie des airs et surmontées de temples extraordinaires qui sont comme des cœurs de pureté. Mais plus l'on descend de ces montagnes, plus la sérénité qu'elles dégageaient s'altère, plus elles deviennent accidentées, arides, dangereuses. De toutes petites corniches les ceinturent et des gouffres sans fond, peuplés d'entités perverses s'ouvrent à nous. C'est l'enfer de ces montagnes, mais au fond duquel réside quand même une clef de pouvoir.

Les montagnes-reflets par contre sont comme des mirages ; elles s'éloignent du rêveur au fur et à mesure qu'il cherche à se rapprocher d'elles. Elles ont en outre le don d'assoiffer les sens. Ce sont des leurres créés par des entités vampiriques, leurres destinés à attirer le double du rêveur loin du corps du dormeur et à le piéger. J'ai répertorié au moins une dizaine de rêves ayant trait à des paysages ou à des montagnes reflets.

Gardiennes des génies et demeures de grandes puissances, les montagnes sont de grandes délivreuses de rêves. Ceux-ci sont parfois provoqués par la rencontre avec le génie, le dieu ou la déesse de la montagne, à moins qu'ils ne soient issus d'un maître-esprit d'un de ces lieux.

A propos de Maître-Esprit il est bon, lorsqu'on va s'endormir dans un paysage inconnu, de se concilier le dieu ou le génie du lieu par des offrandes consistant en des rubans multicolores ou des plumes que l'on suspendra aux branches de l'arbre le plus proche d'où l'on résidera.

Mais, tout comme la forêt, la montagne est parsemée de « portes » ; ces portes, souvent formées par un entassement de rochers, par une paire d'arbres, expriment le lieu de passage d'un monde à un autre, d'un temps à un autre ou d'un état à un autre. Elles sont souvent pourvues de gardiens signifiés par des lézards, reptiles, oiseaux. C'est au changement d'ambiance, de rythmes dirais-je, qu'exprime un lieu, qu'on les reconnaît surtout.

C'est à la montagne, et à la forêt, surtout aux rêves qu'elles m'ont suscités que je dois une certaine connaissance magique des éléments. Rêver que l'on gravit une montagne est souvent de bon augure, même si le parcours est accidenté, car il est signe d'élévation. Combien de montagnes dérisoires que nous surestimons, nous créent de faux problèmes dans notre vie de veille, d'où l'expression populaire *« se faire une montagne de rien »*.

A un niveau plus élevé le rêve d'escalade de la montagne signifie un besoin d'entrer en contact avec les divinités. C'est sur les sommets des hautes montagnes qu'eurent lieu les plus grandes révélations. Est-il utile de rappeler que les Tables de la Loi furent données à Moïse au sommet du Sinaï, que de la cime d'une montagne les immortels taoïstes montaient au ciel... C'est également sur le sommet des montagnes que furent célébrés les plus beaux rites païens.

Les rêves de montagnes sont toujours chargés de puissance, et il arrive parfois que l'Esprit-Maître d'une montagne se lie avec le double d'un rêveur et l'imprègne de son pouvoir. Il en est de même de l'esprit de la forêt.

Mais si le lieu est parcouru par un tellurisme trop puissant, si la nature du sol ne s'avère pas propice, et surtout si la fréquence psychique du dormeur n'est pas en rapport avec l'esprit du lieu, celui-ci sera en butte à des cauchemars qu'exprimeront ses conflits avec l'entité de l'endroit. De plus, il faudra tenir compte de la position des étoiles dans le ciel, de la lune et des saisons. La montagne est un autel naturel, un lieu où l'homme magique en état d'amour se met en harmonie avec les forces universelles.

3. La forêt et les marais

Les forêts sont peuplées non seulement d'esprits des éléments mais d'âmes de défunts que l'arbre attire, des esprits d'enfants et de doubles de rêveur. C'est en appliquant leur ventre contre des arbres que dans certaines tribus du nord de l'Australie, les femmes captent l'âme de leurs futurs enfants.

Privilégiés sont ceux qui visitent en rêve des forêts enchantées car ce sont les forêts de l'âme ; elles leur apporteront beaucoup de bienfait car la forêt aime à être appréciée et aimée. Qu'il se promène la nuit près d'un marais, l'initié verra combien ses rêves sont peuplés de fantômes, d'esprits assoiffés, de corps

Rêve de forêts (dessin de l'auteur).

La forêt, source d'imagination et centre d'éveil,
porte magique du rêve... !

astrals de rêveur. Selon le contexte du rêve, le rêve de marais peut avoir un sens bénéfique ou maléfique, mais très souvent il est associé à un risque de maladies se rapportant fréquemment à la vésicule biliaire, aux reins, à la vessie et aux os. Une personne souffrant de calculs rêvait souvent que des humanoïdes (les démons de sa maladie) jetaient de très grosses pierres dans un marais, au point de le boucher presque complètement à chaque fois. Lorsqu'elle fut guérie son rêve cessa. Le rêve de drainage de canaux est aussi très important, cela veut dire que nous souffrons d'un mauvais fonctionnement des voies urinaires et que psychiquement nous avons certainement besoin d'un bon drainage.

4. Le désert

Les rêves de désert signifient que sous l'apparente hostilité et aridité des choses se cache le divin, mais le désert est un paysage très ambivalent car il suscite aussi des rêves se rapportant à des déserts démoniaques. Mais le désert reste avant tout le lieu de l'intériorisation, où l'ermite capte à travers son apparent silence, la grande voix de l'Esprit.

12

Rêves de jardins

A un niveau moindre se trouve le jardin qui ne concède en rien au Paradis sur le plan du merveilleux. Le jardin est un espace du cœur enclos dans des limites bien précises qui sont ses murs, et cet espace est riche en contenus psychiques. Il est aussi quelque chose de réellement existant, se situant sur un plan édénique, presque en lisière de notre mémoire. C'est pour cette raison que rêver de jardins (sauf s'ils sont désolés) est toujours de bon augure. Cela signifie que l'esprit voyage sur des plans ineffables où se tiennent, bienveillantes, les entités des mondes invisibles. Le rêve de jardin est l'accès au monde des fées et des génies et, souvent, ils créent, pour le grand plaisir de notre double, ces espaces idylliques où les bienfaits qui vont nous être octroyés sont concrétisés sous forme de massifs de fleurs, de fontaines, d'arbres, etc.

Le jardin est l'espace vibratoire de l'âme ; en rêver est signe de retour à la pureté, à l'essence originelle, à la prime enfance où l'âme, nouvellement incarnée, porte encore en elle la nostalgie des jardins cosmiques. C'est un appel à l'inspiration car le jardin est avant tout un signe de fécondité. Mais, s'il est désolé, si les arbres sont coupés, les plants saccagés, les fontaines taries, cela signifie angoisse, maladie, deuil, perte du pouvoir du monde de l'enfance.

Parfois, les doubles de rêveurs se perdent dans des jardins maléfiques d'où ils rapportent les germes de la maladie ou du malheur.

Chaque jardin est régi par un Esprit-Maître qui se tient parfois dans le plus gros arbre, dans un kiosque, près d'un bassin ou d'une fontaine. Cet Esprit-Maître dirige les éléments de ce jardin : arbres, plantes, fleurs, fruits, oiseaux et autres animaux, papillons, etc., qui sont comme autant d'esprits et de fées « matérialisés ».

Le rêve de jardin est lié à la visite du centre émotionnel du cosmos par le double du rêveur. Ce centre émotionnel se transformera, se modèlera selon le niveau de conscience du rêveur.

En fait, le jardin est une sorte de résumé de l'univers dans lequel les Esprits-Germes du soleil se déposent comme une rosée. Rêver d'un jardin magnifique signifie surtout retour au plan divin. Les fleurs, qui y exhalent un parfum d'âme, sont comme une mémoire du temps édénique.

13

Rêves de parfums et de fleurs

On ne peut parler de jardin sans parler de la fleur et de son parfum. Rêver de parfum est lié à une grande évolution spirituelle. Ce peut être la quintessence d'un élément, chaque élément possédant un ou plusieurs parfums spirituels. Ces parfums sont les émanations d'esprits célestes qui, en même temps, s'en nourrissent. Sentir un parfum d'essence supérieure traduit souvent en rêve le passage d'un esprit très élevé. Mais il est rare que l'on rêve de parfums ou d'odeurs. L'odorat semble avoir peu de fonctions dans le rêve.

Dès le commencement des civilisations, l'homme a offert le sang des victimes animales aux divinités terribles et le parfum de la plante aux divinités amies. Nous remarquerons d'ailleurs à quel point les parfums diffèrent et comment ils agissent sur nos sens suivant leur qualité émotionnelle. Les radiations d'un parfum facilitent la correspondance avec différents plans. En Egypte, c'est avec des parfums choisis que le pontife, représentant le Pharaon fils d'Amon, fait chaque matin la toilette du dieu et lui redonne son pouvoir momentanément voilé par l'influence de la nuit.

Les parfums éloignent les entités parasitaires et l'utilisation de beaucoup d'entre eux favorise les rêves élevés, tels la girofle, le laurier (où résident les génies de la voyance), l'ylang-ylang, la verveine, etc. Pour obtenir de cette utilisation des rêves poétiques ou érotiques et parfois visionnaires, il faut cueillir trois feuilles de verveine un vendredi matin avant huit heures, selon les rites, et les coudre dans un petit sachet de tissu vert que l'on disposera à côté ou sous son oreiller. Ne pas oublier d'évoquer la déesse Vénus et ses génies, auxquels cette plante sacrée est affiliée.

Si l'on a de mauvais rêves, il est recommandé de placer du pourpier dans son lit, car on dit qu'il écarte les visions. Une goutte d'essence de girofle jetée sur l'oreiller est également bonne pour chasser les influences néfastes. Il en est de même de la lavande, comme de l'armoise, dont l'odeur éloigne les démons et nous met en relation avec les puissances bénéfiques. Quelques feuilles mises dans le lit aideront le double à franchir les zones troubles du bas astral et à chasser les esprits mauvais, créateurs de cauchemars, toujours à l'affût de nourriture magnétique.

Deux à trois gouttes d'essence d'iris favoriseront en songe le contact avec les esprits de l'eau et ceux de la lune.

L'essence ou les feuilles de menthe chasseront les influences vampiriques nocturnes, tandis que l'essence d'oranger développera les sens perceptifs du corps astral.

Pour avoir des rêves bienfaisants, il est également important de disposer trois roses rouges dans un vase posé sur sa table de chevet. Le parfum de la rose a la propriété d'agir directement sur le psychisme. Elle calme les névroses car la rose est un excellent condensateur fluidique. C'est la fleur d'amour qui, en ouvrant le cœur, nous met en état de disponibilité avec les forces secrètes de ce dernier.

Bien que les roses blanches aient moins d'influence que les rouges, elles attirent cependant les Esprits de la Bienveillance chargés de protéger l'innocence d'un enfant. Il est bon que celui-ci ait près de son lit cinq roses blanches qui lui assureront, non seulement un bon sommeil, mais encore un certain éveil dans ses rêves car elles le mettront en rapport avec le Monde des Ancêtres, du Souvenir.

Qui n'a pas, lors de ses vacances, le plus souvent dans son jeune temps, dormi dans une grange où le foin fleurait bon l'été ? Chaque herbe, même séchée, demeure encore imprégnée de la mémoire des Esprits de la Nature, du Soleil, de la Lune, de même que de celle des génies de la grange qui s'en donnent à cœur joie. Ce sont eux qui s'amusent avec le double du dormeur, en lui suscitant parfois des rêves étonnants.

Il me souvient que, d'avoir dormi dans le foin, me mettait souvent en relation avec ces esprits ou génies qui prenaient les formes de mes amis, bien que composés d'une sorte de texture lumineuse bleue, verte ou mauve. Une nuit, il m'avait été donné d'assister et de participer, en rêve, à l'un de leurs sabbats, qui se déroulait dans un champ d'herbes hautes. J'avais également rêvé de poussières lumineuses de soleil, qui dansaient suivant un rythme assez précis.

Une autre nuit, un esprit que je ne pouvais voir m'avait passé une bague faite d'herbe au doigt et la journée qui s'en suivit fut riche d'inspiration, de découvertes et de bonnes nouvelles. Un esprit de l'herbe m'avait lié à lui pour mon plus grand bienfait.

Il est aussi des plantes dont la forme et le parfum nous permettent d'entrer oniriquement en contact avec le monde des morts ; je pense, entre autres, aux glycines, aux iris, aux lis, aux asphodèles, au jasmin. Certaines de ces plantes facilitent la ressouvenance des vies antérieures, laquelle peut s'opérer également en rêve et selon certains rites bien précis. Elles sont des fleurs-portes qui permettent l'accès à un monde parallèle, le plus souvent souterrain.

Rêver du lotus nous met en contact avec le monde divin. Il est parfois l'aspect que prend un dieu pour se manifester à nous et nous imprégner de sa puissance magique. Sa forme même est un signe cosmique qui nous met en relation directe avec les forces universelles. C'est pour cela que le lotus est symbole de révélation car il est l'Œuf du monde.

Dans certains formulaires de Magie (1), il est dit que l'ail donne des songes terribles. Je l'ai expérimenté et ne lui ai pas trouvé ce défaut. Peut-être en est-il ainsi pour ceux dont l'estomac trop fragile réagit mal à l'absorption d'ail au moment du coucher. Toujours est-il qu'il a la propriété d'éloigner les serpents et de chasser les mauvais esprits. Ce n'est pas pour rien que les Egyptiens en avaient fait un dieu, car l'ail contient une entité vivante qui déborde largement ses limites matérielles, non seulement par l'odeur qu'il dégage mais aussi par l'empreinte astrale qu'il laisse. Si l'on dort dans une maison en proie aux

1. *Formulaire de Haute Magie*, de Piobb (Editions Dangles).

mauvaises influences, il faut écraser une gousse d'ail sur le seuil de sa porte, ou alors en accrocher une grappe avec un fil de laine rouge au-dessus de son lit. De toute façon, l'ail est bon pour chasser le mauvais œil, mais son utilisation trop répétée peut se retourner contre celui qui s'en sert. C'est une plante qui n'a pas la mesure d'elle-même. Elle est excellente pour éloigner les entités vampiriques qui se manifestent parfois dans nos rêves. Pour cela, il suffit d'en mettre une gousse sous son lit et, si l'on a peur d'être incommodé, un récipient d'eau, dans lequel aura trempé de l'ail avec un peu de sel brut, fera l'affaire.

Nombreux sont les grimoires magiques qui nous enseignent comment obtenir des rêves de voyance. Ainsi, le grand magiste Agrippa écrit dans *la Philosophie occulte ou la Magie* (2) :

« Si tu veux recevoir les oracles toujours et promptement pendant ton sommeil, fabrique-toi pour cela un anneau du Soleil ou de Saturne, ou bien leur image gravée d'excellente efficacité pour cet effet et, ces objets placés sous ta tête pendant ton sommeil, te procureront efficacement des songes véritables au sujet des choses que ton esprit avait pensées auparavant. »

Ou, parlant encore de la manifestation des esprits lorsqu'on les invoque : « Maintenant, nous parlerons de l'invocation des esprits bons ou mauvais. Les bons esprits sont invoqués par nous de diverses façons et, de même, ils se présentent à nous de différentes manières, car ils parlent un langage clair pour les hommes vigilants et s'offrent à notre vue et nous informent pendant le sommeil par un oracle sur ce que nous désirons. »

Pour l'homme de mentalité magique, les oracles se réalisent le plus souvent lors du sommeil. Agrippa donne d'ailleurs, pour les obtenir, les recommandations suivantes : « Voulant donc recueillir un oracle, abstiens-toi du manger et de la boisson... Aie un lit pur, blanc, exorcisé et consacré si tu veux. Puis, commence à faire des fumigations avec le parfum convenable et frotte-toi les tempes d'un onguent efficace, puis l'anneau passé au doigt, choisis quelque image des Puissances Supérieures ou une tablette sacrée ou un parchemin sacré et place-le sous la tête. Puis la prière

---

2. *La Philosophie occulte ou la Magie*, de Henri Corneille Agrippa, Livre quatrième (Editions Traditionnelles. Réédition 1968).

sainte ayant été récitée, tu entreras dans le lit et tu penseras ce que tu désires savoir et t'endormiras ainsi. Et ainsi tu recevras pendant ton sommeil des oracles indubitables et très certains quand la lune parcourra le signe qui est dans la neuvième maison de Ta Nativité, ensuite quand elle parcourra le signe de la neuvième maison de révolution de ta nativité et quand elle sera dans le neuvième signe à partir du signe de la projection ; et c'est là le moyen par lequel nous pouvons connaître tout d'un coup et complètement les Sciences et les Arts avec la vraie illumination et intelligence... »

Rêve de soleil. Rêver de soleil peut correspondre à une illumination intérieure... compte tenu de la place du soleil dans le ciel et selon le contexte du rêve (dessin Mario Mercier).

14

La lune et le soleil dans les rêves

Dans les rêves de pouvoir de l'homme à mentalité magique, existe toute une hiérarchie de valeurs représentées soit sous forme d'animaux-esprits, d'humains-esprits, d'être fabuleux, d'arbres, de plantes, de pierres, d'astres, d'éléments et même de valeurs immatérielles telles que le ciel, la nuit, le jour...

Chacune de ces formes apparue en rêve est, soit la matérialisation d'un esprit en quelque chose correspondant à la puissance du rêveur, soit l'émanation d'une force supérieure qui se montre sous l'aspect du soleil (1), d'une planète, soit, enfin, la manifestation de l'esprit lui-même.

Ainsi, la puissance de la lune était la moins recherchée parce que son cours variait constamment. La lune est trop semblable à l'homme, disait un chaman indien, comme lui elle naît, grandit, vieillit et disparaît.

Miroir du soleil soumis à la périodicité, la lune, symbole du temps qui court, a le pouvoir d'agir sur le rythme biologique et psychique. Astre magique par excellence, la lune est porteuse d'esprits qui agissent sur les éléments végétaux et humains. De plus, elle a le pouvoir de tirer hors de la terre ses forces les plus secrètes, parfois même, les plus noires. Liée directement à l'imagination, la lune possède un grand pouvoir d'attraction sur le double, surtout sur l'ombre qu'elle peut dilater si le psychisme de l'homme n'est pas assez fort pour la maintenir dans ses limites. Elle est aussi une « réactiveuse » d'énergie et on a eu tort de ne voir souvent en elle qu'un astre malfaisant, n'agissant que sur les

1. Le Soleil cache le dieu dont il est l'expression matérialisée. Il engendre tout ce qui existe en créant les âmes de son âme.

zones pourries de l'esprit de l'homme. C'est plutôt ce dernier qui ne sait plus recevoir sa clarté. Elle sait réveiller la partie magique qui dort en nous.

En tant que valeur nocturne, la lune est le symbole du rêve. Chez les Dogons, le renard pâle Yurugu, qui possède la divination et qui est le seul à connaître la parole divine, symbolise la lune (2).

Elle est associée à ce qui est féminin, à l'argent, métal dont elle a la brillance. La lune, tout comme l'argent, ne rayonne qu'extérieurement mais non intérieurement. L'or, en revanche, est un métal qui a le pouvoir de rayonner extérieurement et intérieurement, ainsi que le soleil.

Parfois, la lune apparaît dans le rêve de certaines personnes en pleine expansion. Elle déverse ses fluides bienfaisants sur le dormeur et réactive son double. Rêver de lune signifie rêver de son aspect féminin en soi. Un homme qui avait cet aspect peu développé en lui, donc limité dans son pouvoir de réceptivité, rêvait d'une lune toute petite, perdue dans le coin d'un immense ciel sombre.

Dans le *Grand Interprète des Songes,* rêver de lune signifie amour et santé de l'épouse, acquisition d'argent. Rêver de nouvelle lune : expédition, affaires. Lune obscure : mort ou maladie d'épouse, de mère, de fille, péril en voyage, maladie des yeux ou du cerveau. Il est un fait que la lune est liée au cerveau et le soleil au cœur.

On ne peut parler de la lune sans faire entrer en jeu le soleil. Chez beaucoup de peuples dits archaïques, le soleil est considéré comme étant le père, bien qu'il soit pris comme une entité féminine chez certains autres, tels les montagnards du Sud-Viêt-nam ou les Dogons.

Sous forme d'étincelles-atomes de vie, le soleil projette sur terre les germes divins qui vont donner naissance à de nouveaux êtres. Un rayon de soleil est chargé d'atomes vivants qui sont les germes de toutes choses et dont le groupement en est la forme. Les rayons du soleil sont les colonnes subtiles qui le relient à notre planète et par elles se déversent les myriades d'esprits destinés à enchanter nos rêves.

---

2. *Dictionnaire des Symboles* (déjà cité).

C'est pour cela que, sur le plan symbolique, le soleil est considéré comme la Puissance Suprême, source de vie et de chaleur. Au cours des âges, il a pris différentes formes : dieux mâles, héros, animaux flamboyants comme le lion, le cerf, l'aigle...

Le soleil, dans son apogée, peut également être maléfique car il est aussi porteur de fièvre, de délires, d'incendies. Il peut tout dessécher et brûler et son passage devient alors synonyme de désolation. L'opposition du soleil et de la lune est comparable à celle de Vishnu et de Çiva.

Dans la tradition chinoise, le soleil est lié au cœur et à l'intestin grêle. C'est aussi le cœur spirituel du ciel humain. Le soleil est également relié à la glande pinéale et, rêver de soleil qui saute, sinue, tremble, bouge signifie de graves troubles cardiaques ou nerveux.

Rêver de soleil qui se couche est souvent lié à la mort d'un être influent tel que le père. Une jeune femme rêva d'ailleurs que, peu avant la mort de son père, le soleil s'enfonçait dans la mer (symbole de puissance vitale).

Rêver de soleil peut correspondre à une illumination intérieure. Mais, je le précise bien, la place du soleil dans le contexte du rêve, sa forme, sa couleur, sa densité même et, surtout, son rayonnement sont très importants pour donner une interprétation assez juste. Le soleil est d'ailleurs lié à l'or, réceptacle du feu spirituel mais qui possède un aspect négatif s'il n'est pris que sur le plan profane.

« J'étais dans un paysage clair et serein. Au fond, tout au fond s'étendait une chaîne de montagnes. Soudain, derrière elle, s'éleva un magnifique soleil tout blanc. Il était si beau que je ne pouvais en détacher mes yeux. Pourtant je n'étais pas ébloui. Une voix rompit cependant cette fascination : Regarde à ta droite, par terre, me dit-elle, ce que je fis et je vis briller dans l'herbe un très gros morceau d'or. » Ce rêve, fait par un homme d'âge mur, est un rêve d'évolution. La chaîne de montagnes représente l'obstacle à franchir, obstacle qui élève, d'ailleurs. Le soleil est le pouvoir spirituel dans le ciel du rêveur. Il brille intensément mais n'éblouit pas car c'est d'un soleil subtil, d'un soleil psychique qu'il s'agit ici. Soudain une voix, la voix d'un Esprit-Guide l'arrache à la fascination, donc à la staticité et le force à regarder à droite, c'est-à-dire, comme le dit la tradition chinoise, vers son yin, son côté réceptif, féminin et terrestre. Là, il y voit de l'or — l'or qui est la lumière minérale de la terre. Ainsi, ce rêve est non seulement un rêve d'évolution et de révélation, mais aussi un rêve d'équilibre entre les énergies yang et yin.

Le *Grand Interprète des Songes* dit, à propos des rêves de soleil : « Rêver de soleil signifie abondance de biens ; si on a la vue (3) malade, on guérira. Soleil sur la maison, danger du feu. Soleil obscur, rouge, embrouillé : obstacles, maladie d'enfant, danger personnel, mal d'yeux prochain, troubles cardiaques. Soleil allant à la rencontre de la lune : guerre... »

---

3. L'œil est lié au soleil car, comme lui, il émane un pouvoir de rayonnement. Le soleil, chez beaucoup de peuples primitifs, est d'ailleurs considéré comme l'œil du ciel.

15

Les parties du corps humain en rêves

1. Les yeux

Rêver d'yeux est important. L'œil projette la lumière, par conséquent il possède le pouvoir créateur. C'est pour cela qu'il est associé au disque solaire. Les Egyptiens ont figuré le rayon lumineux créateur par la spirale lumineuse accompagnant la goutte créatrice tombant de la glande lacrymale. L'œil est un véritable disque solaire émettant des germes de vie. « Celui qui est couvert d'yeux », telle est l'expression qui désigne le chaman. Les yeux sont, dans les *Upanishad,* identifiés au soleil ou à la lune. Rêver d'yeux signifie l'intrusion d'une conscience supérieure dans le rêve et, à un autre niveau, un besoin d'éveil intérieur, quoique l'œil des rêves puisse être parfois porteur d'une énigme ou d'une charge maléfique.

L'œil est bisexué car il reçoit les images et émet le regard. Dans le rêve, l'œil apparaît souvent comme la manifestation de la Connaissance. L'organe de l'œil est lié au feu et à l'air. Il projette, sous forme d'étincelles invisibles, les influences célestes ou démoniaques. Il est un émetteur de courant magnétique. Rêver de cécité peut être un signe de cécité intérieure, comme il peut être un signe de voyance. Tout dépend du contexte du rêve. Il signifie alors, en ce cas, que le regard de l'initié dépasse les apparences terrestres pour aller au cœur de l'invisible. Il ne voit plus les apparences mais il en sent les émanations. L'œil est l'expression pure de la puissance du corps humain, celui-ci étant un mélange inégalement dosé de force et de matière.

L'apparition dans un rêve d'un œil au regard intense, mais

dépourvu de méchanceté ou d'agressivité, dénote à l'apparition d'un pouvoir cosmique. Comme dans la nature tout est Signature, tout, dans le rêve, est signé. Il y a d'ailleurs Signes et Intersignes.

Dans l'interprétation des rêves d'yeux il faut non seulement tenir compte de leur forme et de leur coloration, mais aussi de leur rayonnement et de la force qu'ils émettent. L'œil du rêve peut également refléter l'état ou la situation du rêveur.

Schématiquement, l'œil comporte quatre teintes et chacune signe et signale l'un des quatre tempéraments hippocratiques et se réfère à une correspondance planétaire.

Mettre des lunettes, dans le rêve, signifie que l'on doit y voir plus clair. La myopie en rêve est aussi liée à un état de conscience assez significatif.

Avant son mariage, un homme rêvait qu'il voyait sa fiancée assez floue et qu'il devait porter des lunettes pour la voir mieux. En fait, cet homme ne connaissait ni la valeur ni les défauts de sa future épouse étant, selon d'autres éléments du rêve, trop axé sur lui-même pour s'intéresser aux autres.

Souvent, les yeux du rêve se manifestent chez les moribonds. Ils sont les pouvoirs de l'Ailleurs qui préparent le mourant à un état d'éveil supérieur bien que transposé. Ces yeux sont aussi des « turbines magnétiques » qui tentent d'alimenter le corps astral du moribond d'une énergie nouvelle afin qu'il puisse échapper au pas de la mort.

L'œil est aussi lié à la fécondité, donc à l'ovaire. C'est une sorte d'œuf diffusant les forces invisibles qui pénètrent dans la tête.

2. La tête

Si l'œil est lié à l'étincelle du feu, la tête s'apparente au soleil. Elle est la demeure des dieux. Comme l'œil, elle est bisexuée car elle reçoit la puissance cosmique, de même que les énergies qui montent du sol et se propagent dans les membres et le corps. La tête, c'est l'œuf de l'esprit. D'ailleurs, si elle représente le soleil, les épaules figurent le ciel dans la symbolique du corps. Ce qui fait dire à Platon : « Les dieux renfermèrent les deux révolutions divines dans un corps sphérique, pour imiter la forme ronde de l'univers, et ce corps, c'est celui que nous nommons la tête ; c'est en nous la partie la plus divine et maîtresse de toutes les autres (1). »

Les récits anciens nous parlent parfois d'êtres surnaturels pourvus de plusieurs têtes, chacune d'elles étant en rapport avec un monde. Ainsi, Janus, dieu solaire des portes, a deux têtes. L'une regarde vers l'avenir, l'autre vers le passé. Pour les Chinois, la tête est la demeure de la lumière céleste. Artémidore, lui, donne la signification de père. Des psychanalistes tels que Freud, Allendy, lui accordent un sens phallique.

3. La bouche

La bouche est un réceptacle. Elle est un symbole féminin, mais par où sort la voix, invisible organe viril au pouvoir créateur magique. « Quand la bouche se montre, les esprits sont créés et la parole se fait entendre », dit le *Zohar*. Ce passage concède à la bouche le pouvoir divin. D'elle sortent le feu, la vie ou la mort, le cri, la parole, le mensonge ou la vérité. La parole, c'est le souffle, l'énergie. « Seuls les mots ne pourrissent pas », assurent les Dogons.

Rêver que l'on a une grande bouche correspond au développement d'un pouvoir médiateur, pouvoir de donner ou d'infliger la parole, qu'elle soit bonne ou mauvaise. Jung voit une relation entre bouche et feu. Elle est porteuse de destin car c'est par elle que passe la voix, cette expression de l'air, qui juge, loue, élève, accuse, blâme, gracie ou condamne. Sur le plan symbolique, la bouche est en correspondance avec l'œuf primordial suggéré par la courbure des lèvres.

4. Le nez

Le nez a un rapport avec l'énergie conductrice. La courbure des ailes des narines correspond à des cornes d'énergie

1. Platon, *Timée*.

projectrices si souvent représentées dans l'Antiquité. Cette énergie conductrice, symbolisée jadis par les cornes de taureau ou de bélier, lance les âmes issues du soleil dans les corps.

Dans la psychanalyse, le nez est considéré comme un symbole phallique. Lié au cœur, c'est l'organe de l'intuition, de l'instinct, de la perception sans objet. Les rêves de nez, assez rares d'ailleurs, préfigurent des états de clairvoyance. Le nez relie au monde invisible dont il capte les émanations. Pour entrer en contact avec les esprits, on se sert, dans certaines sociétés magiques, de poudres et d'ingrédients à base de museaux de bêtes au système olfactif très développé. C'est dans le museau que se trouve l'essentiel de l'animal pour les Tchouktches, les Yakoutes et les Lapons, pour ne citer qu'eux.

5. Les dents

Les rêves de dents, si elles sont saines et bien plantées, sont d'un bon présage, car la dent, qui a le pouvoir d'écraser, de broyer, de mastiquer, est liée à la force prise dans son état brut. Mais chaque dent a une âme ; c'est ainsi que les Bambaras font une distinction magique entre les incisives, les canines et les molaires.

Rêver d'extraction de molaires peut signifier l'obtention de pouvoirs magiques. La disparition de certaines molaires diminue la tension du mental, facilite le passage de forces cosmiques. Le rituel de l'extraction de molaires existe d'ailleurs dans des sociétés primitives. Le rêve de perte de dents est presque toujours défavorable : il signifie perte de vitalité, maladie, misère.

Les dents sont en rapport direct avec la sexualité et rêver de perdre des dents traduit l'affaiblissement de l'énergie vitale dû aux excès sexuels. La perte de dents annonce quelquefois aussi, à des personnes très sensitives et très « branchées » sur les plans parallèles, une maladie ou une mort près de survenir dans l'entourage du rêveur.

A ce propos, je citerai le cas de deux personnes de ma connaissance, hypersensitives, pour lesquelles ce rêve, chaque fois qu'elles le faisaient, signifiait immanquablement une maladie grave ou une mort dans leur famille ou chez des amis. Mais, comme leurs rêves ne désignaient jamais qui serait frappé, elles ne pouvaient prévenir personne et elles vivaient dans l'inquiétude jusqu'à ce que la prédiction se réalise, ce qui arrivait dans une période n'excédant pas trois mois. Il faut préciser que ces rêves de perte de dents ne se limitaient, chez ces médiums involontaires, qu'à des pertes d'incisives ou de canines. Les incisives signifiant mort et les canines maladies graves.

Dans sa fameuse *Clef des Songes,* Artémidore de Daldia considère les dents comme les habitants de la bouche qui, pour lui, est la maison (2). Toujours d'après Artémidore, perdre ses dents pour en recouvrer d'autres, c'est changer d'état avec bénéfice ou préjudice selon la qualité des dents et leur éclat. « Celui qui songe recevoir des dents en sa main ou en son sein perdra ses enfants et, s'il n'en a pas, subira de très graves pertes. »

Dans sa *Science des Rêves,* Freud assimile le rêve de dents arrachées à l'onanisme de la puberté, tandis que, pour Jung, il a plutôt le sens d'accouchement.

*
* *

En fait, les rêves sont animistes, car toutes choses sont vivantes et douées d'esprit, que ce soit l'arbre, la fleur, le vent, l'eau... et ce au même titre que l'homme.

D'ailleurs, les causes des événements sont essentiellement magiques car tout est provoqué par un agent vivant. Ainsi, les rêves prémonitoires sont la visitation du double du rêveur au-dessus du jardin du Temps. C'est pour cette raison qu'il y a plusieurs niveaux d'interprétation du rêve : celui du symbole correspondant à un premier niveau, bien que n'étant pas le moindre. Certains rêves ne doivent avoir comme explication qu'une explication littérale ; il en est ainsi de rêves initiatiques, de rêves visionnaires, télépathiques, prémonitoires ou prophétiques.

---

2. Artémidore de Daldia : Clef des Songes traduit en grec par Henri Vidal (Paris, Editions de la Sirène).

Rêve de danse. La danse est la science et l'art du mouvement sacré qui nous met en rapport avec l'harmonie universelle (dessin de l'auteur).

16

Les médiums du rêve

1. L'amplificateur de conscience

L'application d'un rêve, dans la mesure du possible bien sûr, peut apporter beaucoup dans la réalité sur le plan de l'évolution intérieure. Elle permet aussi de développer ses retombées énergétiques et de donner un éveil par résonance, ainsi que la compréhension de certains mystères. En somme, le rêve est un amplificateur de conscience. On a d'ailleurs tort de n'y voir qu'un dialogue avec l'inconscient, car il est bien plus que cela : il est la voie d'accès au Divin.

Le rêve a très souvent un rôle protecteur. Il annonce, prévoit, prévient, combat, repousse l'exorcisme, aguerrit. C'est un forgeur d'esprit. C'est grâce à des rêves que des scientifiques ont fait des découvertes ou trouvé des conclusions foudroyantes à leurs recherches. Les artistes, et surtout les poètes, lui doivent souvent leur inspiration. Beaucoup de poèmes furent dictés en rêve à des poètes-médiums, qui les retranscrirent ensuite en état second.

Pour ces pionniers du rêve et de la vision astrale pure qu'étaient Swedenborg, Novalis, William Blake, Goethe, Jean-Paul, Hölderlin, Gérard de Nerval, Rimbaud, Apollinaire et tant d'autres, la poésie est l'expression du monde onirique, lui-même expression du monde magique. La liaison de l'art et du rêve est également une chose très intensément vécue chez certains peintres et musiciens.

« Le rêve est le Val du Temps, la Patrie de l'Imagination ; les concerts que l'on entend dans cette Arcadie crépusculaire, les champs élyséens qui la recouvrent, les célestes apparitions qui l'habitent ne souffrent aucune comparaison avec rien de ce que donne la terre — et je me suis dit souvent ceci : puisque l'homme s'éveille de tant de beaux rêves, de ceux de la jeunesse, de l'espoir, du bonheur, de l'amour, ah ! puisse-t-il — car alors ils lui seraient tous rendus — rester plus longtemps parmi les rêves du sommeil ! » Telle est la pensée devant le rêve de Jean-Paul (1), ce poète romantique allemand, car il y a toujours, dans sa pensée et ses œuvres, cette similitude de la poésie et du rêve à laquelle il assigne une place très importante. Le rêve est en effet le témoignage, non seulement de la vie intérieure, mais aussi une voie par laquelle se révèle à nous un monde extra-temporel.

2. Gérard de Nerval

Gérard de Nerval, ce grand « drogué » du rêve, nous présente, dans *Aurélia,* le rêve comme un pouvoir magique, un extrême privilège. Voici ce que l'auteur en écrit au début de l'ouvrage : « Le rêve est une seconde vie. Je n'ai pu percer sans frémir ces portes d'ivoire ou de corne qui nous séparent du monde invisible. Les premiers instants du sommeil sont l'image de la mort ; un engourdissement nébuleux saisit notre pensée et nous ne pouvons déterminer l'instant précis où le Moi, sous une autre forme, continue l'œuvre de l'existence. C'est un souterrain vague qui s'éclaire peu à peu et où se dégagent de l'ombre et de la nuit les pâles figures gravement immobiles qui habitent le séjour des limbes. Puis le tableau se forme, une clarté nouvelle illumine et fait jouer ces apparitions bizarres, le monde des Esprits s'ouvre pour nous. »

Gérard de Nerval n'était pas seulement un inspiré, mais avant tout un homme magique voyageant dans les mondes parallèles. C'était le barde du monde crépusculaire du rêve et nul autre que lui n'a pu mieux saisir son intensité.

Gérard de Nerval avait supprimé les limites existentielles entre l'état de veille et le sommeil. Il écrit : « La seule différence pour moi de la veille au sommeil était que dans la première tout se transfigurait à mes yeux ; chaque personne qui m'approchait semblait changée, les objets matériels avaient comme une

1. Jean-Paul : *Sur la magie naturelle de l'imagination,* 1795. Choix de Rêves (Editions Fourcade).

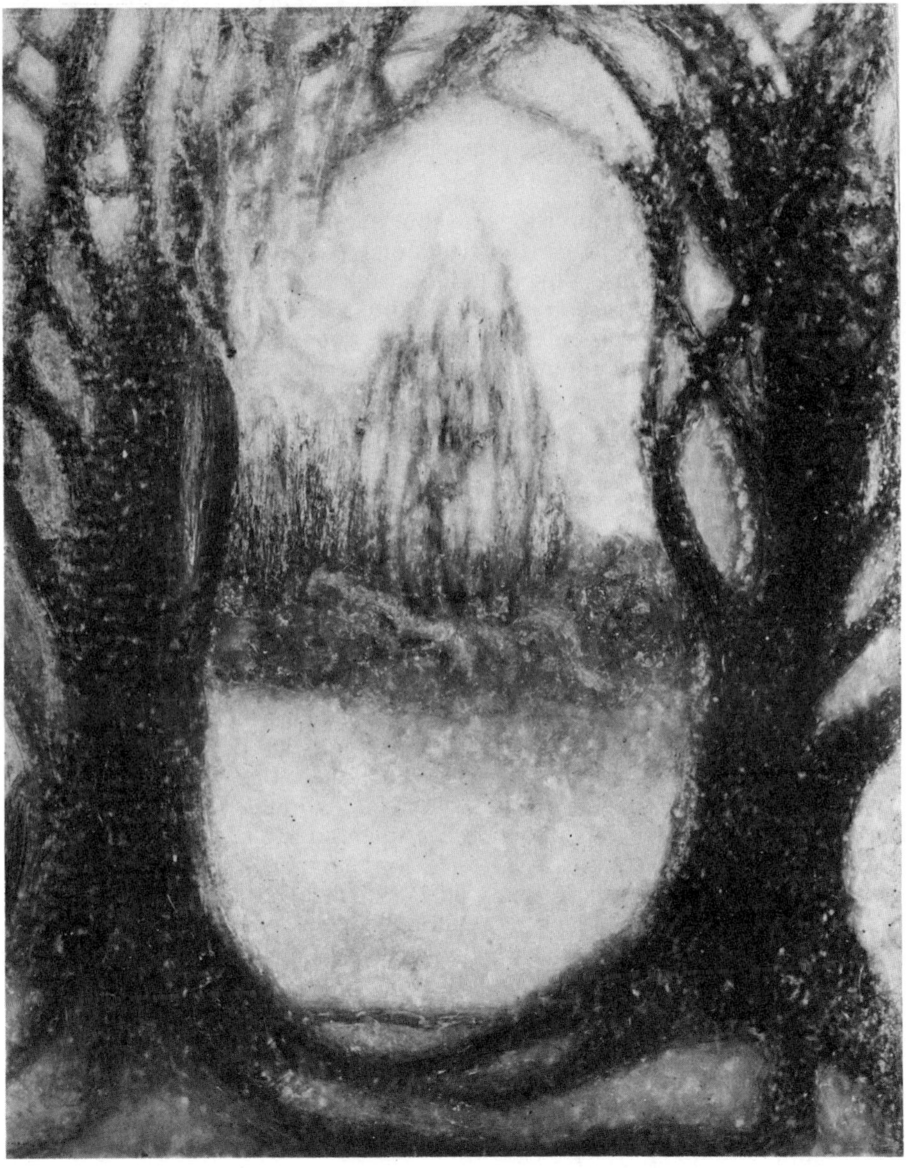

Cette **« seconde vie »** dont parle Nerval, s'offre à nous au-delà des portes du sommeil : le rêveur devient souvent un visionnaire à l'état pur (peinture de l'auteur).

pénombre qui en modifiait la forme, et les jeux de la lumière, les combinaisons des couleurs se décomposaient, de manière à m'entretenir dans une série constante d'impressions qui se liaient entre elles et dont le rêve, plus dégagé des éléments extérieurs, continuait la probabilité. »

Certains rêves ou visions ne sont que des ressouvenances de vie antérieure et même de visitations d'extra-humains venus d'autres dimensions. Voici d'ailleurs une vision relatée dans la seconde partie d'*Aurélia :* « Je continuai mon rêve et quoique debout, je me croyais enfermé dans une sorte de kiosque oriental. Un divan régnait autour des murs et il me semblait que ces derniers étaient formés d'une glace épaisse, au-delà de laquelle je voyais briller des trésors, des châles et des tapisseries. Un paysage éclairé par la lune m'apparaissait au travers des treillages de la porte, et il me semblait reconnaître la figure des troncs d'arbres et des rochers. J'avais déjà séjourné là dans quelque autre existence, et je croyais reconnaître les profondes grottes d'Ellorah (2). »

3. Goethe

Goethe nous parle, dans ses *Voyages en Italie,* d'un rêve de faisans. A l'époque où il fit ce rêve, il traversait une crise et trouva en Italie une nouvelle vitalité poétique. « J'étais dans un canot, écrit-il, qui abordait dans une île verdoyante et célèbre pour ses merveilleux faisans. Je m'entendis avec les indigènes et ceux-ci m'apportèrent les dépouilles de ces splendides oiseaux que mon rêve avait idéalisés. Ils avaient de longues queues chatoyantes, pareilles à celles du paon ou de l'oiseau de paradis. Les bêtes furent amoncelées dans le canot, les têtes à l'intérieur de l'embarcation. Les queues pendaient dans l'eau et scintillaient de mille feux sous les rayons du soleil. Les oiseaux étaient si nombreux que les rameurs purent à peine reprendre leur place. C'est ainsi que nous franchîmes le flot apaisé. Je me réjouissais déjà à l'idée de distribuer les splendides dépouilles à mes amis. Finalement, je me retrouvai dans un grand port où je me perdis entre de nombreux voiliers en cherchant une place pour mon canot. »

2. Dans l'Inde.

Il s'agit ici d'un rêve riche de promesses d'inspiration, ce qu'eut Goethe par la suite et dont il comprit très bien le sens symbolique, lui si perceptif aux choses secrètes de la nature.

Cette île qu'il abordait était, au point de vue symbolique, le centre en Soi, l'énergie revitalisante donnée par la verdure, mais, sur le plan occulte, une île existant réellement dans l'astral et où son double, accompagné de ses alliés (les indigènes = esprits de la terre), était allé, comme aimanté par le vert de l'île et les vibrations des oiseaux. C'était en somme un lieu à Pouvoir qui se manifestait à Goethe, sous forme d'oiseaux à longues queues, comme autant de charges énergétiques. A propos de leur plumage, nous avons vu que la plume — une création du ciel — est du feu animalisé. Elle est, dans le chamanisme, liée aux rituels d'ascension. Elle figure le panache éthérique des Dévas, ces esprits de lieux ou de régions. La plume est une force ascensionnelle associée à la croissance végétale. La collecte de ces oiseaux représente les offrandes magiques d'une entité supérieure au poète, ce grand amoureux de la nature et de la beauté.

Les voiliers dans le port représentaient la possibilité de se déplacer sur ce médium qu'est l'eau, afin d'aller quérir de nouvelles sensations, de nouvelles visions, et le fait que Goethe cherchait à caser son canot parmi ces voiliers prouvait qu'il devait trouver sa place parmi ses possibilités, sa vibration juste, son harmonie intérieure, ce qu'il avait perdu en partant de Weimar d'où il avait fui la monotonie, pour aller chercher en Italie un renouveau d'inspiration poétique. D'ailleurs, n'écrit-il pas, par la suite, dans son journal : « Le rêve des faisans commence à se réaliser. Mon inspiration, renouvelée, est comparable au plumage étincelant des oiseaux de rêve et j'en prévois le fécond développement. »

4. Les songes créatifs

Beaucoup de problèmes ont trouvé des solutions pratiques en rêve car, si l'esprit conscient cherche et ne trouve pas toujours la clef d'un problème, le double du rêveur, doué d'une certaine omniscience, le fait pour lui. Il arrive aussi que le double puisse remonter le temps et trouver les informations demandées en puisant dans la Mémoire Universelle.

C'est en rêve, ou grâce à une image du rêve, que le grand savant allemand Liebig dut une partie de sa découverte sur la théorie des cellules. Niels Bohrr dut également à un rêve la découverte sur la théorie atomique qui porte son nom.

Carl Duisbourg, l'inventeur d'un grand nombre de matières colorantes, rêva qu'il fabriquait, d'une façon précise, une matière colorante bleue. Le lendemain, il entreprit les expériences chimiques comme il les avait rêvées et découvrit ainsi une nouvelle matière.

On peut citer à l'infini des cas similaires à ceux qui viennent d'être cités. Beaucoup de songes permettent de retrouver des objets perdus ou de découvrir des trésors. Personnellement, il m'est arrivé de perdre des clefs et de les retrouver à la suite d'un rêve : « Une main tirait mes clefs d'une des poches de mon sac que j'avais négligée et me les tendait. Je croyais pourtant avoir fouillé toutes ces poches ! »

5. La thérapeutique des rêves

Les rêves qui guérissent ne sont pas rares non plus, et c'est un tort de les attribuer à des capacités du subsconcient.

C'est à son double que l'homme doit la plupart des révélations qu'il obtient en songe, ainsi qu'aux entités peuplant l'Invisible Universel dans lequel ce double va se promener lorsque le corps repose.

Les Anciens connaissaient bien les vertus thérapeutiques de certains rêves, et c'est pour cette raison que des temples, comme ceux d'Esculape, leur étaient consacrés. Par les rites, les chants, les évocations, fumigations, purifications, ils favorisaient la sortie et l'élévation du double vers les plans supérieurs, de même qu'ils cherchaient à attirer sur eux la bienveillance, les conseils et les soins des entités du rêve.

La résurrection d'une médecine onirique, en corrélation avec les conseils des patients endormis, pourrait, si elle était redécouverte, reconnue et appliquée, ouvrir de nouveaux horizons à la médecine et lui donner la dimension qui lui manque.

6. Edgard Cayce

Le voyant et guérisseur Edgard Cayce faisait ses diagnostics en dormant. Enfant, il s'était endormi avec le livre qu'il apprenait à lire près de son père et, quand il se réveilla, son père constata avec surprise qu'il connaissait mot à mot tout le texte du livre. Son double s'était imprégné de l'astral de l'œuvre.

Le livre peut être considéré comme une entité propre car il contient toute la puissance vibratoire de la pensée de son auteur, d'où la résonance émotive et intellectuelle que peuvent procurer des ouvrages anciens, notamment des textes manuscrits, ces derniers portant, en outre, l'empreinte magnétique de ceux qui les ont rédigés. C'est pour cela que le rêve de livres traite presque toujours d'ouvrages anciens, rares et porteurs d'une redoutable énergie. Le livre est le porteur de révélation et, suivant que l'on ouvrira ou non le livre du rêve, cette révélation nous sera donnée ou refusée.

Mais, pour en revenir à Edgard Cayce, ce pouvoir d'apprendre en rêve ne le quitta plus. Il était arrivé à se guérir, pendant son sommeil, d'une paralysie des cordes vocales, paralysie due à un surmenage nerveux. Dès lors, sa réputation de guérir en rêvant s'étendit au loin, bien qu'il ne voulût jamais exploiter commercialement son don. Selon la nationalité de son consultant, il pouvait, pendant son sommeil, dicter des ordonnances dans la langue de celui-ci alors qu'il ne l'avait jamais apprise. Il possédait, en outre, la faculté de soigner à distance, c'est-à-dire de se dédoubler lors de ses sommeils et de se rendre près des malades. Ses sommeils médiumniques duraient d'une demi-heure à une heure et demie. Cayce est un cas typique de dédoublement dans le sommeil et la base de l'étude du rêve devrait, avant tout, se porter sur cette faculté que l'homme a de pouvoir quitter son corps et se déplacer dans l'astral.

7. Le troisième œil

Tant que l'on ne prendra pas le rêve dans le sens d'un passage littéral d'un état à un autre, comme la mort, il n'y aura guère de progrès d'accompli dans le domaine du rêve.

Contrairement à ce que l'on croit, le rêve ne se passe pas dans le cerveau de l'homme mais au-delà de son véhicule matériel.

Ne s'est-on jamais demandé pourquoi l'homme possède la faculté de voir les images de son rêve alors que ses yeux sont révulsés et ses paupières closes ? C'est avec le troisième œil, qui jadis possédait la vision centrale, qu'il peut voir ses rêves. Ce troisième œil, qui a pour nom l'épiphyse et qui, au cours des âges s'est enfoui dans le cerveau, n'est plus aujourd'hui qu'une petite glande dont les effluences sont encore capables d'empêcher le sommet du crâne, chez l'enfant, de se fermer. C'est avant cinq ans que se clôt la fontanelle, cette fissure inter-osseuse qui laisse passer une lueur de vision cosmique faisant vivre le bambin dans un monde à lui, intensément magique, où tout est doué de vie. Ce petit corps ovoïde, qui perçoit la substantialité des forces, possède aussi la vision du mouvement secret des choses. C'est l'œil astral du rêve. Chargé d'une force fluide, rayonnante, cet œil était un puissant foyer de forces visuelles qui, à travers les éons, organisèrent la vie, l'encéphale et tout le système sensoriel.

Pour le temps de son rêve, le dormeur retrouve malgré lui certains éléments de sa très vieille puissance magique. Il retourne à l'époque, où, peu incarné et baignant dans l'intense magnétisme qu'exhalait toute chose, il rêvait continuellement et Se Rêvait.

17

La couleur dans le rêve

1. La perception supérieure

On dit que les rêves en couleur correspondent à des thèmes archétypiques et à des contenus de l'inconscient collectif. Les spécialistes du rêve voient dans le rêve en couleur l'expression d'une certaine tension psychique par rapport au rêve en noir et blanc qui exprimerait, pour eux, un refoulement de forces vitales. Sont cités à l'appui de leurs thèses, les cas de rêves colorés de condamnés à mort, la nuit précédant leur exécution, ainsi que les rêves des grands malades ou d'aliénés.

En fait, le rêve en couleur correspond à un degré de perception supérieure des mondes sensibles. Sous l'effet d'un fort choc émotif, l'Œil Central, doté de la vision astrale, met en mouvement tout un jeu de lentilles vivantes. La perception s'élargit, s'intensifie et l'œil magique du rêveur capte, sous forme de couleurs, les émanations des êtres et des choses. Les grands malades doivent à l'exacerbation de leur sensibilité et aussi au fait qu'ils sont de plus en plus séparés de leur corps, de rêver en couleur. Ils sont déjà dans une autre réalité qui a sa vie propre, ses lois, son atmosphère et que l'enfant éveillé perçoit encore.

Certains rêves à dominante rouge vif peuvent exprimer une certaine tension psychique, un conflit intérieur sur le point d'éclater et même un danger de folie ou un risque d'accident cérébral.

Un occultiste de ma connaissance, pris par une force mauvaise en voulant désenvoûter un possédé, rêvait souvent, après son expérience malheureuse, qu'il était au bord d'une rivière claire et tumultueuse. Issu du fond se dressait alors vers lui un énorme serpent rouge, gueule grande ouverte. Alors le rêveur parvenait à échapper *in extremis* à l'attaque du reptile en prenant une ou plusieurs grosses pierres et en les lui lançant. Cette sorte de cauchemar se répéta souvent et, à chaque fois, le serpent augmentait de volume, si bien que sa tête semblait emplir toute la largeur de la rivière.

A la suite d'un exorcisme qu'il se fit faire, l'exorciste rêva du même reptile et, cette fois, parvint à le tuer en lui écrasant la tête. Plus jamais, il ne fit cette sorte de rêve.

Les couleurs correspondent également à des états de conscience, de même qu'une couleur trouve sa résonance dans chaque organe du corps (1). Elle traduit certains états psychiques et permet au clairvoyant de situer un être dans l'univers magique. Ainsi, les diverses radiances psychiques et cosmiques de l'aura humaine se traduisent par des couleurs.

Il est important de savoir quels sont les éléments colorés d'un songe car c'est aussi par la couleur que l'on peut également évaluer la longueur d'onde d'un rêve.

Les couleurs sont l'expression magique du rêve et, dans les rêves heureux ou dangereux, existent des dominantes colorées en rapport avec le psychisme du rêveur. Aussi faut-il tenir compte de l'éclat, de la brillance de la couleur du rêve.

Les couleurs ont un pouvoir cosmique qu'ont exprimé la plupart des cosmogonies des peuples de mentalité magique. Pour les Navaho, par exemple, la couleur joue un grand rôle dans la création du soleil. « Les Navaho avaient déjà partiellement séparé la lumière en ses couleurs diverses. Près du sol était le blanc, indiquant l'aube ; sur le blanc était épandu le bleu, pour le matin ; au-dessus du bleu était le jaune, symbole du couchant du soleil, et sur cela était le noir, image de la nuit (2). »

*
* *

---

1. Voir l'ouvrage de René-Lucien Rousseau : *Le Langage des Couleurs* (même collection, Editions Dangles).

2. Alexandre Hartley : *The world's rim : great mysteries of the north american indians* (Paris, 1962).

2. Le rouge

Le rouge est la couleur du feu ; il exprime la vitalité et également les tensions énergétiques du corps et de l'esprit. Comme en toutes choses, le rouge a deux aspects, l'un bon, l'autre mauvais.

Le rouge, sous son aspect favorable, symbolise le feu céleste, l'amour, la passion. C'est aussi la couleur du pouvoir solaire vitalisant.

Un matin, en sortant de chez moi, je vis le soleil dans la splendeur de son lever et je l'évoquai par ses noms magiques. Or, la nuit précédente, j'avais rêvé que mon père, décédé depuis plusieurs années, me posait sur l'épaule droite un gros scarabée tout rouge. J'eus un peu peur mais me repris aussitôt, tandis que j'entendais mon père me dire sur un ton incantatoire : « révélation, révolution... » Quelques jours après ce rêve, un changement extraordinaire se fit, tant dans ma vie psychique que dans ma vie sociale.

Dans ce rêve, l'esprit de mon père m'apportait une manifestation matérialisée du soleil, en l'occurrence le scarabée qui, chez les Egyptiens, est considéré comme l'image même du soleil et souvent appelé le Dieu Képri. Ici, sa couleur rouge exprimait la puissance divine dont il était imprégné.

A chaque centre subtil de l'homme sont associées des couleurs. Pour les Soufis, le jaune est la lumière du cœur, le rouge de l'esprit, le blanc celle du centre subtil... Chez les Chinois, le rouge correspond au cœur, le blanc aux poumons, le noir aux reins, le vert au foie, le jaune à la rate...

Il arrive que l'on rêve de la couleur qui nous manque intérieurement. Cette couleur devient alors une sorte de médicament. Pour une personne fatiguée nerveusement, l'introduction de la couleur rouge dans son rêve pourra avoir un effet positif car le rouge excite la pression sanguine, accélère les pulsations cardiaques. Donc, pour l'interprétation des rêves, il faut tenir compte aussi du tempérament des individus car les couleurs agissent par fréquence vibratoire et correspondent à des radiations de longueurs d'ondes différentes.

Une personne qui souffrait en permanence d'une gastrite, rêva qu'elle portait une large ceinture de flanelle pourpre à même la peau. Son rêve avait raison car le pourpre vitalise l'estomac, de même que les poumons et les reins et elle aurait dû, dans le « réel », appliquer la médecine de son rêve.

3. Le violet

Si la nuit nous amène les ondes violettes productrices de sommeil, le violet, comme le mauve, est la couleur du monde astral. C'est la couleur de la vision, de l'élévation spirituelle, de la foi, mais aussi du deuil. Elle marque la transition entre la terre et le ciel car elle se compose d'un mélange de rouge (chtonien) et de bleu (céleste). Le violet est la couleur de la transmigration de l'âme car elle fait fusionner les énergies du ciel et de la terre. Couleur du renoncement, de la vision, de l'élévation spirituelle, de la foi surtout, le violet a pour faculté de maîtriser certaines maladies. Sous une lumière bleue ou violette, les cellules cancéreuses ne prolifèrent pas.

4. Le bleu

Le bleu est la couleur spirituelle, mais à condition qu'il soit clair. Un bleu foncé a souvent, en rêve, une résonance négative. Sa froideur en fait quelque chose d'élevé, d'inaccessible. Le chakra de la gorge est bleu pâle et argenté ; c'est l'une des principales résidences de l'âme.

En Egypte, le Dieu Suprême créateur Anep était représenté par la couleur du ciel et le Grand Prêtre portait sur la poitrine un saphir qui se nommait « Vérité ».

Le bleu était attribué à Jupiter et à Junon. La robe du Christ prêchant est bleue. C'est la plus profonde des couleurs. Les animaux bleus, dans la littérature turco-mongole, expriment une manifestation de la divinité qui siège au-dessus des montagnes.

« Il m'arriva de rêver que je marchais sur un chemin bleuté en direction d'une rangée de bouleaux en bourgeons. Ces bourgeons étaient très volumineux et de couleur bleue, avec une pointe de rouge au bout. Un ciel très lumineux mettait en relief ces arbres. Ce rêve me procura un grand sentiment de bonheur qui persista longtemps après mon réveil. »

Sans aucun doute que ce rêve, fait par une personne très réceptive, annonçait un réveil spirituel, signifié entre autres par les tonalités bleues, de même qu'un éveil de la sensualité.

Il est important, pour l'évolution d'un être, que ses sens soient ouverts aux impressions et aux effluves de l'univers. Les sens sont des captateurs d'énergie, des nourrisseurs que figurent les bourgeons du rêve. C'est par le sens sexuel, sens magique par excellence, que se développe un certain éther psychique appelé Imagination.

5. Le jaune

Le jaune est la plus chaude des couleurs. Lié au soleil, à l'or, il est la couleur de l'esprit, de l'intuition, du pressentiment. Il peut également être la couleur de la mort, plus particulièrement le jaune pâle.

La tradition chinoise parle de sources jaunes menant au pays des morts. J'ai d'ailleurs souvent recueilli des rêves où les personnes défuntes, lorsqu'elles se manifestaient aux rêveurs, avaient cette couleur jaune pâle. Pour les Chinois, elle est également la couleur de la terre et elle correspond, dans le tantrisme bouddhique, au Mulâdhâra chakra, le centre-racine.

Le jaune est la couleur du centre de l'équilibre. Toute l'énergie spirituelle du soleil se trouve dans le jaune et c'est pour cette raison que les chrétiens en ont fait l'emblème de la foi tout comme de l'or.

Mithra est une expression de la divinité solaire manifestée sur la terre dans la religion mazdéenne. Il est revêtu d'or. D'or est le tapis sur lequel il s'asseoit ; sur sa montagne d'or il se sert d'une masse d'or pour frapper les génies mauvais.

« Donne-moi de la bonne chance, demandai-je à une sorte d'hercule qui faisait des tours de force en soulevant d'énormes poids en fonte sur la place d'un village. »

« Posant ses poids, il me fit mettre torse nu et me passa sur le dos et la poitrine un produit transparent qu'il prenait avec ses doigts dans une boîte d'or ou dorée. »

« Puis il me dit : tu dois éloigner le chien noir de ta porte quand les bonnes choses veulent passer en toi ; il est trop vigilant et ne fait pas assez de discernement entre les bonnes et les mauvaises influences, et d'ajouter : il faut aussi que tu sois blond et bien équipé si tu veux être mieux. » Ce rêve que je fis il y a quelques années précéda l'une des plus belles et plus fructueuses périodes de ma vie et qui se poursuit encore à ce jour.

Ce faiseur de tours de force était un esprit protecteur venu m'aider et me donner le pouvoir de mieux vivre, de mieux m'épanouir, moi qui étais en ce temps dans une grande pauvreté matérielle et une non moins grande détresse morale.

Le chien de ma porte était le gardien trop vigilant de mon temple intérieur où des éléments extérieurs avaient fait, jadis, beaucoup de saccage. Ce gardien existe d'ailleurs véritablement sur le plan astral et chacun de nous, comme j'en ai parlé, a une sorte de portier animal, figuré le plus souvent par un chien, dans son environnement magique.

Bref, ce chien-là, relié à mon sens émotif, subissait, par réflection, mes angoisses et mon désarroi, au point qu'il ne discernait plus les influences bonnes ou mauvaises qui m'assaillaient, en laissant passer certaines qui ne le devaient pas ou rejetant celles qu'il me fallait.

Ce déséquilibre d'effluves énergétiques perturbant mon champ vibratoire, l'esprit du rêve me signifiait que je devais savoir à quel moment éloigner ce chien pour réagir par moi-même et me dédramatiser.

C'est par le dos, plus particulièrement la nuque, que les forces pernicieuses passent et c'est dans un gobelet d'or, récipient solaire, que l'esprit bienveillant de mon rêve prit le produit magique, sorte de sève subtile chargée de propriétés bénéfiques destinées à nettoyer et à protéger mon corps des agressions occultes.

« Il faut que tu sois blond. » Cela veut dire : il faut que tu développes ton rayonnement solaire, antidote des influences malfaisantes, que tu captes les influx psychiques des dieux en les laissant te pénétrer car les cheveux sont des antennes.

Dans l'Antiquité, les dieux, les déesses, les héros étaient presque toujours blonds, car c'est la couleur divine, tandis que le brun est plutôt la couleur des forces internes de la terre.

« Bien équipé » signifie bien pourvu spirituellement et intellectuellement, de façon que le mental puisse être facilement maîtrisé. Il faut être bien équipé pour tenter de traverser le dangereux fleuve de la vie.

6. Le vert

Pour l'Initié, cette couleur est l'arcane des connaissances profondes des mystères de la Nature et du destin des êtres et des choses.

Couleur féminine englobant le principe vital masculin (le feu rouge), le vert est la couleur de la fertilité et de l'Imagination cosmique retranscrite en partie dans le règne végétal. La plante et sa couleur à dominante verte sont de nature matriarcale et, jadis, nombre de femmes exerçant leur royauté magique portaient du vert et des pierres précieuses vertes. Accordée à la sensibilité de la terre, la femme est détentrice du puissant mana vert, cette indicible force magique, sorte de feu végétal qui élève et transmute ceux qui savent le recevoir.

Sang de Dragon pour les Chinois, sang du Lion vert pour les alchimistes, le vert est le creuset de toutes les Energies cosmiques, creuset dont le Graal (vase d'émeraude) est une des expressions.

Rêver du vert signifie un apport de nouvelles Energies car le vert est symbole de régénération, d'espérance et de longévité. Si le vert est en excès dans nos rêves, cela signifierait une faiblesse de notre élément Air (l'Air étant lié au bois, donc à l'Air).

Et, puisque nous sommes dans les couleurs, on ne peut pas clore leur énumération sans parler du blanc et du noir.

7. Le blanc et le noir

Le blanc, que beaucoup de personnes ne considèrent pas comme une couleur, fut, grâce à sa luminosité, l'emblème de la Divinité, Une et Multiple à la fois.

Composé des sept nuances du prisme, le blanc, dans son aspect positif, est la couleur de la pureté, de la justice, de la royauté et, surtout, de la régénérescence.

Les principales étapes du Grand Œuvre alchimique comportent l'œuvre au noir, l'œuvre au blanc (albedo), l'œuvre au vert que l'on a oublié, et l'œuvre au rouge. Le blanc est donc la couleur de la transmutation et, dans l'Antiquité, le Myste était vêtu de blanc.

En Afrique Noire, les jeunes circoncis s'enduisent le visage et le corps de kaolin, car le blanc est une couleur transitoire, le passage d'un état à un autre. Il est également lié au lait, le guide nourricier de la substance-mère. Rêver que l'on boit du lait signifie que l'on a besoin (et que l'on prend) un renouveau d'énergie, car le lait est comme de la lumière faite matière.

Par sa vibration, le blanc attire les faveurs de puissantes divinités. Dans la Macumba Oxalà, le Dieu Suprême est attiré par le blanc. On lui prépare un tissu blanc que l'on coupe en triangle et comportant son signe magique destiné à le faire descendre.

Couleur de sacrifice suivi de renaissance, le blanc attire les ondes spirituelles. Dans la tradition chinoise, il est la couleur du métal qui correspond aux poumons. Sa saison est l'automne parce que le métal est cassant et c'est en automne que les branches des arbres perdent leur feuillage, craquent ou se cassent.

Le blanc livide est l'aspect défavorable du blanc ; c'est la couleur des malades, des anémiés, des blessés, de la mort matérielle, des spectres, des revenants...

Rêver de paysages enneigés peut être signe d'un besoin de pureté ou de solitude. Tout dépend des éléments du rêve. Les rêves de neige correspondent aussi à une évasion du double vers des paysages hivernaux dans lesquels il pourra nettoyer certains miasmes ou scories infectant le Moi supérieur qu'il porte en lui. En principe, les rêves de neige témoignent d'une recherche de grande élévation spirituelle.

*

* *

Le noir est la contre-couleur du blanc. Il est surtout synonyme de deuil, de tristesse et de mort. Il est d'ailleurs curieux de constater que les Indiens Cherokees n'emploient qu'un seul mot pour désigner noir et mort.

Bien qu'il soit symbole de deuil, de pourrissement, le noir est la couleur de la gestation. C'est dans les ténèbres de la terre que la graine se décompose pour libérer son germe. C'est dans les souterrains, les grottes que se faisaient jadis beaucoup de rites initiatiques. Les temples dédiés à Mithra, le dieu solaire, se situaient sous la terre. C'est pour cela que, à l'origine, le noir était symbole de fécondité.

L'aboutissement de la matière est le noir qui, ésotériquement, signifie un changement d'état, une mort à soi-même. Dans le *Bhagavad Gìta,* Krishna, l'immortel, est sombre tandis que Arjuna, le mortel, est blanc.

Le noir est la couleur des forces de la terre. Les grandes Déesses-Mères sont souvent noires, expression du tellurisme.

Dans la tradition chinoise, le noir est associé à l'élément eau qui est l'hiver. Cette couleur correspond aux reins et nous allons voir que c'est important. Dans la Genèse, le noir symbolise l'eau ; l'eau primitive étant ténébreuse parce que tout se créait en elle.

Le noir protège des ondes malfaisantes du défunt et c'est pour cette raison que les veuves s'habillaient en noir. Mais, dans sa polarité négative, la couleur noire attire vers le bas-astral.

Chaque couleur est liée à une entité archétype et les couleurs astrales sont très foncées en comparaison de celles du plan mental mais, par contre, très lumineuses si on les compare aux couleurs de notre plan terrestre.

Chaque émotion est formée d'une ou de plusieurs couleurs que peuvent percevoir ceux qui ont développé leur vue éthérique. Dans beaucoup de rêves, la couleur correspond à des pulsions psychiques et traduit des événements ou des états intérieurs.

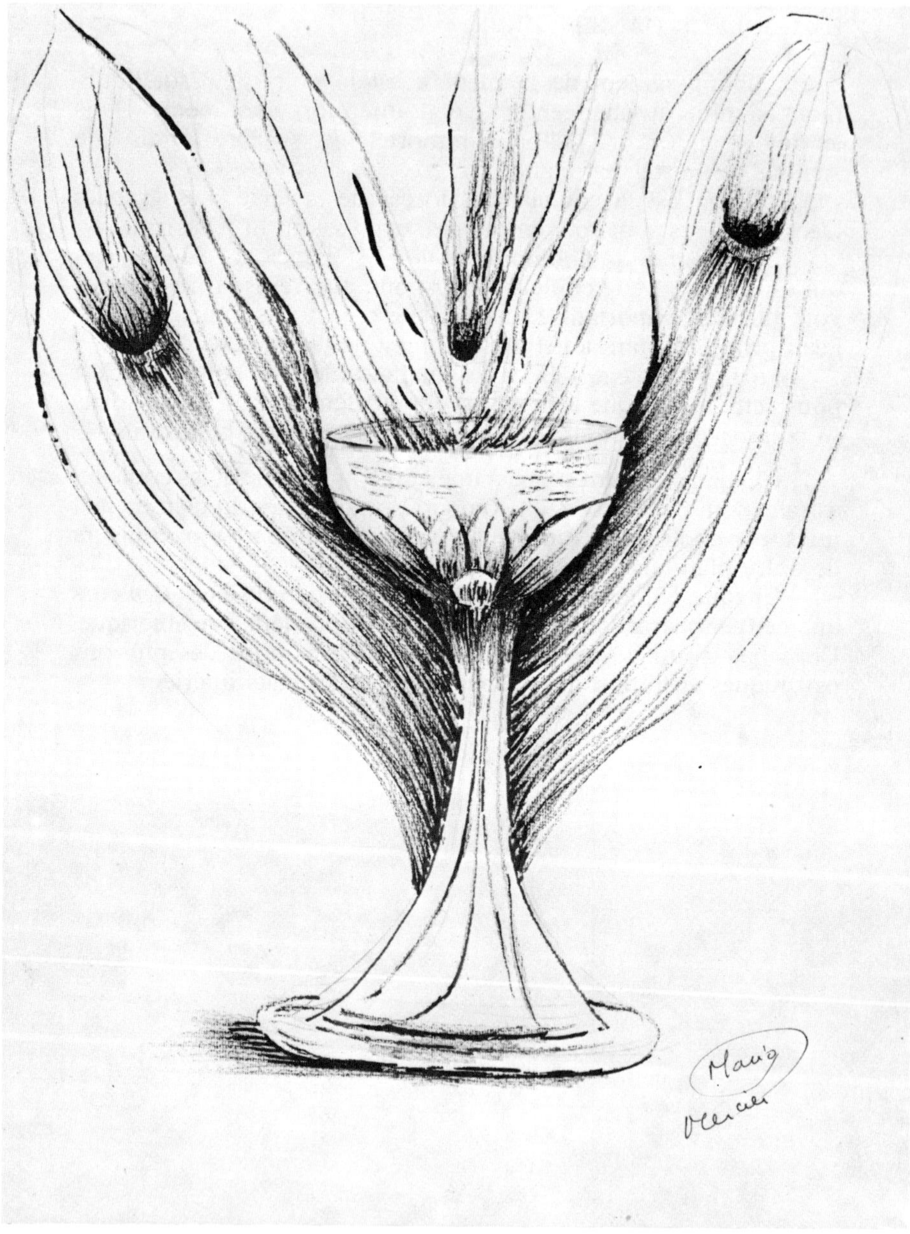

Rêve de coupes (dessin de l'auteur).

18

L'aspect magique du rêve

1. La tradition chinoise

La tradition chinoise voit six aspects du rêve. Ils s'énumèrent ainsi : les rêves ordinaires, rêves qui s'imposent d'eux-mêmes sans résonance émotive ; les rêves de frayeur (causés par une grande peur) ; les rêves de pensées qui ont une base purement psychologique ; les rêves de veille (rêves ayant trait à ce qui a été dit dans la journée) ; les rêves de joie et les rêves de crainte.

Il faut savoir d'où proviennent les sentiments, les émotions et les changements affectant l'esprit et le corps pour connaître leurs causes. Connaissant les causes, on pourra orienter l'interprétation des rêves dans le sens voulu.

Toutes les écoles de pensée chinoise établissent un lien étroit entre le microcosme et le macrocosme, et cela à tous les niveaux. C'est pour cette raison que, pour les Chinois, les rêves sont un jeu de forces entre le Yin et le Yang. On dit que lorsque le Yin est fort, on rêve que l'on traverse une grande quantité d'eau et le sentiment prédominant est la peur. Quand le Yang est fort, on doit affronter le feu. Lorsque le Yin et le Yang sont de force égale, il y a lutte. S'ils sont tous deux forts, on rêve de vie et de mort. Quand on est rassasié, on rêve de donner ; quand on a faim, on rêve de prendre.

« Une rencontre mentale donne un rêve, un contact corporel donne un événement dit Lieu-Tseu (1), c'est pourquoi les pensées

1. Extrait du Lieu-Tseu par Michel Soymié, *Les Songes et leur interprétation en Chine*.

de la journée et les rêves de la nuit sont ce que rencontrent l'esprit et le corps. C'est pourquoi, pour celui dont l'esprit est coagulé, les pensées et les rêves s'arrêtent d'eux-mêmes. Les réalités de la veille, il n'en parle pas. Les rêves, qui sont aussi des choses vraies, il ne cherche pas à les comprendre ; car ils ne sont que des phases du va-et-vient de la métamorphose. Les Sages de l'Antiquité, quand ils veillaient, s'oubliaient eux-mêmes. Quand ils dormaient, ne rêvaient pas. Pourquoi auraient-ils parlé à vide ? »

2. Paracelse

Paracelse, médecin et alchimiste, père de la médecine hermétique, a également mis en relief la dimension magique du rêve. Voici ce qu'il en dit dans un de ses ouvrages concernant les rêves (2) :

« Supposons que tu sois éveillé, que tu te proposes diverses activités et que tu saisisses un rêve. Ce rêve ne surviendra que si tu lui en donnes l'occasion : c'est-à-dire si tu t'engages dans une entreprise pour laquelle il faut que tu reçoives un avertissement. Et voici que l'être avertisseur est là, mais seulement si tu comptes sur lui et si tu te prêtes à sa venue. Alors, il t'envoie le rêve, afin que tu prennes garde à lui d'instant en instant. »

« Et si, durant la journée, les occupations du corps, l'âge ou d'autres obstacles analogues t'empêchent de comprendre les choses par faiblesse naturelle, je veux dire à cause de la grossièreté de ta nature, c'est dans ton sommeil que tu te prêteras à la venue de l'Avertisseur. Lorsque la nature n'est plus la maîtresse, lorsqu'elle dort et repose, le Gardien te jette à la face un avertissement, plus ou moins clair selon l'estime que tu fais de lui, selon que tu désires avec plus ou moins d'ardeur recevoir son message, selon que tu es pur ou non. Et une partie offre à l'autre l'occasion attendue ; je veux dire que si tu marches, tu engages par-là même ton ange à te garder. Et il en est ainsi quoi que nous fassions ; tout dépend de l'état où nous sommes... Il n'en va pas autrement en rêve. »

---

2. *Livre des rêves et du somnambulisme*, traduction d'Albert Béguin, dans Trajectoire du Rêve. Documents recueillis par André Breton (Paris 1938).

19

Les maisons maléfiques et le rêve

Outre les manifestations et apparitions d'esprits, de fantômes, de larves... l'une des principales caractéristiques d'une maison hantée est de susciter chez le dormeur d'affreux cauchemars. Dès qu'il sort de son habitacle de chair, le double est la proie d'attaques de toutes sortes, notamment d'esprits de morts peu évolués que l'âme émotive de la maison retient encore.

Ces esprits de morts qui ne sont pas encore résolus à quitter le plan terrestre, « vivent » dans les maisons qu'ils hantent comme s'ils étaient chez eux ; d'où l'hostilité terrible qu'ils ne manquent pas de manifester aux nouveaux occupants des lieux. Certaines de ces maisons, construites sur des failles ou des nœuds telluriques, sont de véritables puits artésiens d'où jaillissent toutes sortes d'entités ténébreuses et morbides qui, se greffant sur le psychisme des habitants, épuisent rapidement leurs forces vitales dont elles se nourrissent. Leur capacité d'action s'étend non seulement dans le plan de veille, mais aussi dans celui du sommeil, d'où elles prennent la maîtrise des rêves.

Il y a quelque temps, j'ai permis à une personne d'échapper à l'emprise d'une maison maléfique. Lorsqu'elle occupa cette maison (une petite villa située sur une colline), elle était pleine de vie et de caractère très gai. Au bout de quelques mois d'occupation de cette demeure, elle commença à perdre de sa vitalité, de sa bonne humeur, tomba rapidement dans un état voisin de l'épuisement. Elle était, dans ses sommeils, assaillie de cauchemars où il était question de crimes horribles, de supplices, de forfaits et de poursuites dont elle faisait souvent les frais. Peu à peu, dormir devint pour elle une véritable hantise car, à peine fermait-elle les yeux, que venaient se manifester en images — dites hypnagogiques — des visions plus ou moins terrifiantes.

Elle rêvait, par exemple, qu'on venait lui dire que son père, décédé (dans la réalité) depuis plus de dix ans, la réclamait au cimetière. C'était un rêve-piège qui revenait souvent et auquel elle résista.

Mais d'autres cauchemars vinrent bientôt supplanter celui-ci et les entités morbides du lieu se manifestaient dans ses rêves sous forme de personnages sinistres, dont certains portaient de longues capes noires, semblables aux vampires standardisés de la littérature et du cinéma populaires. Ces forces sinistres existent bien d'ailleurs sur le plan de l'invisible et se manifestent parfois dans nos rêves sous l'aspect cité plus haut ou sous celui de bandits aux silhouettes sombres. Plus souvent qu'on ne le pense, ces silhouettes incarnent, dès la naissance, des êtres humains dont le caractère prendra leurs caractéristiques propres. Or, ces forces noires avaient pris la direction du psychisme de la jeune femme.

Ainsi, dans l'un de ses rêves qui atteignait un formidable état de tension, elle se vit descendant les marches d'un escalier en colimaçon d'un château et qui menait vers les profondeurs de la terre. Des niches lumineuses étaient creusées dans les murs où se tenaient des formes mauvaises qui l'observaient et guettaient le moment propice.

Entraînée par une force irrésistible, elle descendait les marches et, dans une ultime attitude de conjuration, elle se voyait « croiser les yeux » pour essayer de retenir sa force mentale et faire avec les doigts le geste bien connu et prosaïque des cornes (1).

Au fur et à mesure qu'elle descendait, elle s'entendait crier : « Je les ai vaincus ! Je les ai vaincus ! » Pourtant, elle savait qu'elle était perdue et que son attitude était une comédie pour retarder le moment ultime où les entités noires se jetteraient sur elle, ou sur son double, pour la vampiriser.

La sonnerie de son réveil la sauva mais, de plus en plus, elle perdait de ses forces, car les entités sombres se nourrissent des

---

1. « Faire les cornes » est un puissant geste d'exorcisme pour renvoyer les influences mauvaises.

fluides vitaux, des ondes nerveuses et émotives des vivants qu'ils convertissent en une énergie magique utilisée à des fins destructrices.

La jeune femme en était arrivée à ne plus vouloir manger, ni sortir, ne souhaitant que rester allongée sur son lit et attendre, au point qu'un jour, se foulant une cheville en faisant un pas maladroit (ou en étant poussée à le faire) elle fut satisfaite de pouvoir enfin rester chez elle, et ce « définitivement ».

Les entités avaient non seulement usé ses défenses, mais lui avaient également instillé le poison subtil de l'acceptation qui fait que, parfois, la victime en arrive à aimer ses souffrances.

Je lui expliquai ce qu'il en était pour elle, à savoir l'intrusion d'entités issues de mondes parallèles, hostiles aux hommes et, de surcroît, vampiriques. Elle voulut bien me croire, peut-être parce que ne trouvant aucune solution dans son domaine, elle n'avait plus le choix. Toujours est-il que je lui demandai de se renseigner au sujet des précédents occupants de cette maison. A sa grande surprise, elle apprit que des forfaits y auraient été commis. Elle apprit aussi que ceux qui avaient voulu l'habiter n'étaient jamais restés bien longtemps et qu'il y avait eu beaucoup de départs précipités.

Aussi, je lui conseillai impérativement de quitter cette maison au plus tôt, ce qu'elle fit, et tout rentra dans l'ordre.

Il faut considérer la maison, comme une entité vivante. C'est dans la mémoire des murs que s'inscrit l'histoire de ceux qui y habitent. Toutes les ondes de la pensée, les décharges émotives forment dans l'espace de petites entités qui vivent également dans une maison, à l'instar de ses occupants. La maison est comme un récepteur et un condensateur de l'énergie humaine.

Les meubles et les objets sont également imprégnés des ondes électromagnétiques et des émissions fluidiques de ceux qui les touchèrent et les aimèrent. D'ailleurs, au premier degré, c'est-à-dire au niveau de la symbolique pure, la maison représente dans les songes le plan de l'individualité.

Mais la maison du rêve, dont l'architecture est si mobile et si fantaisiste parfois, existe dans différents plans de l'astral. Elles sont souvent des maisons « imaginées » et projetées dans l'espace astral par les esprits des morts ou les génies, maisons dont les matériaux sont faits de substance éthérique.

Parfois, le double du rêveur doit affronter ou fuir des **forces dangereuses issues des mondes inférieurs** ; c'est le cauchemar (photo extraite du film de l'auteur : La Goulve).

20

Le rêve et les nombres

Le nombre a une très grande importance dans les rêves car il est une énergie. Dans l'ancienne Egypte, le pouvoir des rythmes et des mots associés aux nombres s'était révélé par l'hiéroglyphe. Les Hébreux attribuaient la découverte des nombres au Prophète Hénoch, les Grecs à Cadmus.

Platon faisait du nombre un des plus hauts degrés de la Connaissance. Pour Mathila Ghyca (1), il est l'essence de la forme. En fait, les nombres révèlent les mystères de la Création.

C'est pour cela que rêver de nombres est très important, car le nombre peut embrasser toute une période de l'existence.

Chaque nombre a son pouvoir propre, sa percussion magique, sa résonance, sa dimension. De plus, il capte et lie ou libère. Dans le rêve, il peut traduire le prix d'un passage, le temps d'une joie ou d'une peine. Un homme, dont la vie psychique s'était figée par sa faute, rêva qu'il devait subir une peine de sept ans d'emprisonnement (sept, chiffre magique par excellence dont nous parlerons tout à l'heure). Dans son rêve, cette punition était si lourde qu'il se réveilla en sanglotant. Ici, le sens de l'emprisonnement est net car, en plus de la valeur spirituelle que comporte le nombre d'années d'incarcération, le rêveur avait perdu sept précieuses années de sa vie.

Il arrive aussi que le nombre donne la clé d'une réussite. Nombreux sont, dans les rêves télépathiques, ceux qui virent les chiffres qui leur permirent de gagner, soit aux courses, soit à la loterie ou à d'autres jeux. Mais les nombres du rêve n'ont pas seulement une résonance matérielle, même s'ils servent à gagner

---

1. *Le Nombre et le Rythme* (Editions N.R.F.).

aux jeux. Ils possèdent toujours une valeur spirituelle qu'il nous faudra déchiffrer. Ainsi, le nombre sept en rêve devra être analysé dans ses différents niveaux d'énergie.

Dans la Macumba, les demandes matérielles sont exprimées par deux bougies fixées à chaque pointe d'un tissu découpé en triangle, sur lequel est inscrit un signe magique, tandis que les demandes spirituelles sont appuyées par trois bougies disposées également à chaque extrémité du tissu.

Le nombre **un** est le centre indivisible, il est celui du ciel. Image du soleil assimilée à la note do et au Bateleur du Tarot, le « portier » des arcanes magiques. Chiffre de l'être actif, le un est aussi symbole de création.

Le **deux** signifie opposition et association. Nombre de la dualité mais aussi nombre de la fusion. C'est du deux que naîtra le ternaire. Les Anciens attribuaient ce nombre à la Terre-Mère. Dans le sens séphirotique, le deux exprime la sagesse et, dans le tarot, il est représenté par la lame de la Papesse, principe féminin universel recélant tous les secrets du monde. C'est pour cette raison qu'elle tient dans la main le Livre des Energies, car elle prélude à une manifestation de la Déesse Mère.

Le nombre **trois,** le triangle, est le grand arcane magique. Il représente l'union du binaire avec l'unité. C'est le nombre de la Trinité. Lorsqu'il se manifeste dans le rêve, il signifie souvent protection divine. Trois est le nombre de l'évolution par excellence. Il est un condensateur de vibrations. Les sept couleurs du prisme se ramènent d'ailleurs aux trois couleurs fondamentales : rouge, bleu, jaune. Dans les contes de fées, le trois est souvent employé lors des incantations, des conjurations, invocations ou évocations (on doit répéter trois fois la formule magique car on s'adresse à trois aspects d'un être ou d'une chose, c'est-à-dire à son corps physique, éthérique et astral).

Si le principe divin est triple, celui du monde l'est aussi : terre, atmosphère, ciel.

Peu avant d'entrer dans une période d'éveil intérieur et d'inspiration, je rêvais de trois soleils disposés en triangle près de la terre et qu'estompait en partie un pommier en fleurs.

Si le trois est le nombre du monde cosmique, le **quatre** est celui du monde matériel sensible. Figuré par le carré et la croix, quatre est un nombre directionnel (quatre points cardinaux principaux, quatre saisons). Pourtant il contient une idée d'universalité. Pouvoir matériel et temporel, le nombre quatre a, dans le rêve, une signification importante et positive car il a trait à l'individuation. Nombre de stabilité, d'abondance, il représente, pour les Indiens d'Amérique du Nord, un principe d'organisation. C'est le nombre le plus près de l'homme car il exprime les quatre parties de son temps de vie : enfance, jeunesse, maturité, vieillesse. Dans son aspect négatif, le quatre peut traduire une cristallisation psychique, l'arrêt de quelque chose, et même, un événement fatal.

Le **cinq** est non seulement le nombre de la force (la main qui prend, saisit, serre a cinq doigts), mais il est aussi l'emblème de la justice. C'est un nombre exprimant en soi une certaine totalité car il comporte quatre éléments : terre, eau, feu, air, le cinquième étant leur sublimation : l'éther.

Pour les Chinois, il est le nombre du milieu.

Nombre de la Nature, de la Vie, du Bonheur et, surtout, de la Plénitude.

Rêver du chiffre cinq présage une période favorable tant sur le plan matériel que spirituel.

Les rapports du ciel et de la terre sont représentés par le senaire. Il signifie l'équilibre des forces, car le **six** est le reflet de la création divine. Conjonction de deux forces opposées, le six est avant tout un nombre rythmique, orchestrant la montée et la descente des influx terrestres et célestes. C'est un nombre médiateur entre le principe créateur et sa manifestation, car il unit le macrocosme au microscosme.

Il est représenté par l'hexagramme étoilé, formé par deux triangles, l'un droit, l'autre inversé. Il figure l'interpénétration du microcosme et du macrocosme.

Pour les Chinois, le six est le nombre du ciel en action car les influences célestes sont au nombre de six. C'est pour cette raison que les rêves portant sur le chiffre six ou un multiple de six sont très importants, car ils signifient souvent changement bénéfique dans la vie du rêveur.

Sept est pour les Egyptiens symbole de la vie éternelle. Il est impossible d'énumérer ici l'emploi mystique du chiffre sept dans tous ses aspects, la liste en serait trop longue.

Nombre magique par excellence, le chiffre sept se rapporte avant tout aux attributs divins car les nombres yang atteignent leur perfection à sept. Est-il utile de mentionner la riche énumération rapportant au septenaire : que les Chaldéens invoquaient les sept Dieux, que les cérémonies apolloniennes se célébraient le septième jour de la semaine, qu'une tradition hindoue attribue au soleil sept rayons...

Les hindous reconnaissent sept Dévas, les Perses sept Amschapauds, les juifs sept Sephiroths de la Kabale.

En Egypte, le soleil (de même que le mort qui lui était identifié) avait sept âmes et quatorze doubles. Chaque double a un nom, une fonction, qui sont : le Goût, la Vue, l'Ouïe, etc.

Dans le sens séphirotique, le sept signifie victoire. Dans ses correspondances géométriques, c'est un triangle surmontant un carré, la connaissance issue de la matière et la dominant. Le sept personnifie l'expression de la puissance des Divinités rayonnant dans le monde (sept vertus, sept principes, sept planètes, les sept jours de la semaine, les sept merveilles du monde, les sept portes, les sept vaches grasses et les sept vaches maigres que vit en songe le Pharaon, les sept cycles de l'enfer, les sept archanges, les sept chérubins, les sept séraphins, le livre aux sept sceaux, les sept ouvertures du crâne...

Dans le tarot, le sept est la carte de la maîtrise des énergies.

Rêver du chiffre sept est souvent bénéfique, d'autant plus qu'il exprime l'intervention d'une divinité solaire. Dans son sens négatif, le sept est lié à la mort. Il a d'ailleurs la forme d'une faux.

Huit est la forme du chapeau du Bateleur, mais c'est un huit couché symbole de l'Infini.

Appelant les fluides célestes et les projetant sur la Table de la Vie comportant les objets magiques (coupes, épées, deniers, bâtons), le Bateleur ouvre le « jeu » de la Vie et de la Connaissance.

Pris au premier degré, il ne semble être qu'un jeu mais, sur le plan initiatique et sacré, le Tarot contient une réalité qui se manifeste par des scènes énergétiques orchestrées selon une démarche alchimique. Par le tarot on va à l'âme.

Le Bateleur symbolise les trois plans : celui des Dieux, de l'Homme et de l'Univers. Ainsi, le huit est le nombre de l'équilibre cosmique.

Un homme rêvait qu'il tenait un huit dans la main gauche. Ce huit, fait d'une matière énergétique (inconnue de lui) et lumineux, était assez grand et léger. Il pulsait comme un cœur. Plusieurs jours après ce rêve, l'homme rencontra une personne très évoluée qui réveilla son psychisme. Cela n'est pas étonnant car l'octogone est le symbole de la Transfiguration. Rêver du nombre huit est non seulement un rêve de transformation, mais aussi un rêve de profusion.

Le nombre **neuf,** chiffre trois fois saint, représente l'harmonie. Au sens séphirotique, la fécondité, symbole de puissance, de sagesse, de bonté et d'immensité. C'est un nombre clef car il permet d'accéder aux sphères célestes (qui sont neuf) et au monde des morts (lequel comprend neuf sources). Nombre du Yang, il est opposé au Yin féminin et terrestre.

Neuf est le chiffre magique des Dieux et, s'il est donné au rêveur dans son sens positif, il peut signifier transposition sur un autre plan.

Une personne, appelée à devenir médium à la suite d'une maladie initiatique, rêva qu'elle essayait neuf chapeaux de différentes couleurs (le chapeau, comme la couronne, étant un signe de pouvoir).

Dernier de la série des nombres, le neuf exprime une certaine finalité suivie de recommencement. Dans son sens négatif, le neuf peut signifier menace de maladie.

Le **dix** est le plus sacré des chiffres pour les Pythagoriciens. Chargé d'énergies bénéfiques il exprime l'aboutissement d'un cycle. Rêver du chiffre dix est d'excellent augure car il est le nombre du soleil.

Nombre de la fécondité, chiffre passif, le **onze** nous met en relation avec les forces de l'eau. Dans son sens défavorable le onze exprime une force non maîtrisée.

Désignant l'année complète, le **douze** signifie totalité et devenir (les disciples du Christ étaient douze, Babylone possédait douze cercles culturels, les douze signes du Zodiaque, les douze Chevaliers de la Table Ronde, etc.). Par ce nombre, les divinités parlent directement à l'humain et à tout ce qui concerne le plan terreste. Dans sons sens positif, le douze peut annoncer en rêve l'accès à un plan supérieur étant donné son appartenance au monde céleste. Douze est aussi le nombre de régions que comporte le monde astral souterrain peuplé d'âme de défunts, de génies...

Nous ne pouvons conclure l'énumération des pouvoirs symboliques et magiques des nombres sans parler du **quarante.**

Ce dernier correspond à l'achèvement d'un cycle. C'est le nombre de l'isolement (mettre en quarantaine), de la transmutation (Jésus ressuscite après quarante heures passées dans le Sépulcre) et de l'épreuve (la tentation du Christ dont il sortit victorieux au bout de quarante jours).

Quarante (parfois quarante-neuf) est le nombre de jours que met l'âme à se séparer du corps, c'est pour cette raison que ce nombre tient une place importante dans les rites funéraires de beaucoup de peuples.

*

* *

En conclusion, il y a une différence fondamentale entre rêver de chiffres pairs et impairs. Si le chiffre pair est féminin, réceptif, le chiffre impair est le chiffre créateur.

Un homme dont le psychisme était en cours d'évolution rêva qu'il chantait son prénom cinq fois et selon une modulation particulière. Ainsi chargé d'ondes vibratoires données par les esprits du rêve, son prénom devenait pour lui une sorte de mantra (2). Il était habité par sa force spirituelle et par celle de ses inspirateurs oniriques. Pourquoi cinq fois ? Parce que le quinaire est le nombre des éléments et des fonctions vitales, nombre de l'homme et de la vie en révolution. Le pentagramme ou étoile à cinq branches est l'expression magique du cinq, car il représente la prédominance de la tête sur les quatre membres, de l'éther sur les quatre éléments.

---

2. Mantra ou Mantram (sanscrit : *discours*), vers ou mot magique habité d'une force spirituelle et qu'il faut réciter selon une prononciation et des intonations particulières pour obtenir de lui une puissance d'action.

21

Les rêves d'enfants

« J'ai rêvé que je tenais un bébé dans les bras et que je lui donnais à boire. Pour lui, c'était comme si je lui faisais boire quelque chose de plus fort que de l'eau, quelque chose de vital. J'étais si heureuse que je me suis réveillée et j'ai eu un choc de savoir que je n'avais plus ce bébé dans les bras. »

Il est facile de dire que la jeune femme qui fit ce rêve (elle était déjà mère de deux enfants) désirait en avoir un autre. Sur le plan symbolique, l'interprétation transparaît aussi facilement : il s'agit là d'un rêve d'évolution et de transformation, symbolisé par le bébé qui est l'enfant intérieur de la jeune femme, né de son âme. Elle lui fait boire de l'eau, c'est-à-dire qu'elle lui donne de son fluide vital. Mais, sur le plan magique, l'interprétation est plus profonde car il s'agit ici d'un désir d'incarnation d'un germe-esprit qui, pour solliciter le désir de la rêveuse, a pris la forme d'un bébé afin que, à son contact, elle soit « ensemencée » magnétiquement. Cela est d'ailleurs souvent le prélude à un véritable ensemencement qui se produira par la suite, le partenaire mâle, tout comme la femme, étant l'instrument des âmes ayant besoin de s'incarner.

Il arrive aussi, et cela dépend de la démarche et de l'orientation du rêve, que des doubles de rêveurs assurent des paternités et des maternités éphémères dans l'autre plan. Car, dans le monde parallèle (1) où se rendent les doubles de dormeurs, « vivent » beaucoup d'esprits de morts, pour la plupart groupés par familles ou par affinités électives. La vie s'y déroule à peu près comme sur la terre, avec la différence qu'il y a moins de densité

---

1. Il s'agit d'un monde assez proche des vivants.

que sur notre plan et que toute chose est représentée en même temps que son idée.

C'est pour cela que, lorsque l'on rêve d'un arbre, par exemple, nous sommes beaucoup plus touchés que sur le plan réel car nous voyons également transparaître l'idée de l'arbre. De plus, les choses et les êtres du monde invisible peuvent changer de forme à tout moment.

Dans ce monde-là (2) évoluent également des esprits d'enfants morts qui recherchent l'affection et le dynamisme du double de rêveurs. Souvent, le contact avec ces enfants, et surtout avec des bébés, communique au rêveur le désir de procréer.

Il arrive souvent que des femmes rêvent qu'elles sont enceintes et, en fait, elles le sont vraiment le temps de leur rêve car leur ventre a servi de moule éthérique aux germes-esprits qui, imprégnés du fluide sensuel des vivants, iront susciter chez eux des désirs sexuels jusqu'à ce qu'ils parviennent à s'incarner.

La cloison séparant le monde des vivants du monde dit des morts (3) est beaucoup plus mince qu'on ne le pense et les rapports spirituels, affectifs et même sexuels sont, de doubles de dormeurs à Esprits, choses courantes. Quelle femme n'a pas rêvé, au cours de sa vie onirique, qu'elle aimait un bel inconnu ? Quel homme n'a pas étreint, en songe, une femme de beauté divine ou redoutable. Il s'agit là des manifestations d'hommes-esprits ou de femmes-esprits, souvent porteurs d'énergie, si ce n'est le contraire, que les chamans connaissent bien. La preuve en est que les bébés ou les tout jeunes enfants, dont le psychisme n'est pas encore formé à ce monde, ont pourtant des rêves d'« adultes » dans lesquels se manifestent de puissants Esprits revêtant des formes humaines, animales ou végétales, qu'ils n'ont pas encore intellectualisés.

Il est connu que, chez certaines peuplades, peu avant qu'une femme soit enceinte, l'Esprit d'une personne défunte s'installe dans le lit conjugal entre le mari et la femme, suscitant chez eux le désir de procréer. Souvent, cette scène s'annonce d'abord en rêve, l'Esprit de la personne défunte imprégnant le terrain charnel et spirituel du couple de sa présence, avant de les informer de son

2. Il comporte plusieurs « étages » dont chacun correspond à un degré d'évolution.

3. Ils sont, somme toute, des vivants « transposés » ailleurs.

Rêves d'enfants (dessin de l'auteur).

identité. Il existe, en outre, nombre de rêves qui suggèrent une vie antérieure, ce qui a été vérifié.

L'apparition d'un enfant extraordinaire dans le rêve signifie souvent qu'un pouvoir veut entrer en contact avec le rêveur. Il suffira à ce dernier, s'il se souvient, bien sûr, de son rêve à son réveil, de reconnaître cet enfant magique comme tel pour qu'il en reçoive les bienfaits, car les Esprits du rêve aiment qu'on les reconnaissent pour eux-mêmes. Il ne nous plairait pas, à nous, vivants prétentieux, d'être pris par des gens d'un autre monde pour des symboles, des mythes ou des valeurs abstraites revêtues de formes vagues.

L'enfant, en tant que synonyme de fraîcheur et de pureté, exprime également un certain dynamisme, une force non réprimée qu'il faut, avant tout, laisser se développer. Rêver d'enfants à pouvoirs était considéré comme d'excellent augure chez les Anciens.

Cela est souvent mauvais signe de rêver d'enfant triste, abandonné ou malade, car les esprits se présentent parfois à nous sous de tels aspects pour nous attendrir et nous soutirer de l'énergie. C'est pour cette raison que, souvent, les personnes qui rêvent d'enfants tristes ou malades le sont ou le deviennent elles-mêmes. D'ailleurs, cette sorte de rêve signifie, sur le plan symbolique, qu'une partie de notre psychisme est négligée.

Un homme rêva qu'il traversait un désert et le soleil et la soif l'accablaient. Comme il désespérait de trouver le salut, il entendit s'élever de derrière une dune comme un vagissement. Rassemblant ses forces, il s'y rendit et découvrit un tumulus de pierres rondes. C'est d'en dessous que sortaient les plaintes. Comme il déplaçait les pierres, il sentit que, chaque fois qu'elles passaient par ses mains, elles se changeaient en pains chauds et croustillants. Lorsqu'il eut enlevé les dernières, il découvrit, logé dans un petit trou, un magnifique bébé dans des langes blancs, qui lui souriait. Lorsqu'il prit le bébé dans ses bras, le rêveur, qui avait atteint un grand état d'exaltation, constata que le désert s'était changé en une campagne verdoyante. Il s'aperçut alors qu'il n'avait plus soif.

Ce rêve illustre parfaitement la découverte inattendue par le double du rêveur d'un Pouvoir qui ne demande qu'à se développer, à condition de le cultiver. Il en est ainsi de tous les pouvoirs spirituels, qu'ils soient magiques ou artistiques.

Le bébé de ce rêve représentait l'Esprit de la Terre (avec en lui la promesse solaire) qui, pour décourager le double du rêveur dans sa quête d'absolu, s'était matérialisé dans un environnement hostile. Il en est de même dans les pratiques magiques, lorsqu'il s'agit d'apparitions. Souvent, l'entité qui veut se manifester à nous ne nous montre d'abord que son côté négatif afin de décourager tous ceux qui pratiquent l'Art Magique sans avoir le cœur pur.

Les enfants du rêve, lorsqu'ils se montrent sous un aspect favorable, incarnent des pouvoirs élevés. Ils sont des forces psychiques pures, issues des Dieux. L'enfant à cheveux blonds représentera plutôt les forces de la lumière. En rêver nous apprend également que notre sens intuitif se développe.

« Avant mon évolution spirituelle, qui se fit de façon foudroyante, je rêvais que je jouais au ballon avec un enfant blond », me raconta un homme qui avait beaucoup progressé dans la voie de l'Eveil.

« Il me passait souvent le ballon (symbole du monde) et nous nous amusions follement. »

Rêver d'enfants à cheveux bruns exprime plutôt les pouvoirs de la terre, des ténèbres initiatiques où tout se pense, germe et mûrit. Le brun est lié à la force occulte du soleil. Rêver de la visite d'un enfant brun signifie que nous prenons contact avec nos forces secrètes, souterraines, avec nos propres ténèbres intérieures dans lesquelles il nous faudra regarder pour nous découvrir. L'enfant brun du rêve manifeste la rencontre du pouvoir souterrain de la terre avec le rêveur.

L'enfant à cheveux roux du rêve figure le pouvoir du feu terrestre. Il incarne la beauté temporelle, la force impulsive et a trait à tout ce qu'il y a de passionnel.

A un premier niveau, l'enfant du rêve exprime les désirs secrets du rêveur : retour à l'état ancien par besoin de pureté, de fraîcheur et d'harmonie. Sur le plan magique, l'enfant signifie l'intrusion magique, dans le plan du rêve, d'énergies nouvelles. En rêve, jouer avec ces enfants nous met en rapport avec les forces de l'Eveil.

Ces enfants-là existent vraiment dans leur dimension. Ils ne sont pas la projection d'éléments de l'inconscient du rêveur, mais des esprits d'enfants morts ou de génies ayant pris des formes jeunes afin de mieux communiquer avec le double du rêveur.

22

Les rêves de vieillards

Le vieillard est pourtant la personne que l'on associe le mieux à l'enfant. Poésie des extrêmes qui se rejoignent, l'un en apportant sa pureté, l'autre sa sagesse. Voici, à ce sujet, un rêve intéressant :

« J'ai rêvé que je me dirigeais vers la lisière d'un bois. C'était l'hiver. Il faisait très froid et la neige crissait sous mes pas. Soudain, je vis un nuage se former à la cime d'un arbre. Il était traversé de fluctuations qui finirent par former la tête d'un vieil homme chevelu et barbu. Il ressemblait au père Noël et il est vrai que j'avais fait ce rêve pendant les fêtes de fin d'année. Une voix inconnue me dit alors que ce vieillard était l'Esprit de l'Hiver.

« Ce nom d'Esprit de l'Hiver m'impressionna tant que je me réveillais et restais longtemps ému et nostalgique. J'avais l'impression d'être remonté dans mon temps à moi, d'avoir retrouvé quelque chose d'essentiel. »

Sollicitée par l'égrégore de Noël, la personne qui fit ce rêve avait assisté à la descente de l'Esprit Cosmique à la rencontre de l'Esprit de la terre, symbolisé par l'enfant. Cette descente a pour effet d'imprégner la terre des forces célestes afin de la recharger énergétiquement pour les mois à venir.

Le père Noël, personnage populaire mythique, n'est autre que le passage de l'Esprit Céleste (1) éveillant la puissance vitale de la terre.

C'est par les arbres, ces antennes sensitives plongeant au-delà du sol gelé, que se transmettent dans la sensibilité de la terre les

1. Il est également la mémoire des saisons antérieures.

invisibles fluides de vie qui animeront les futurs semences et germes. C'est pour cette raison que le bois lui est totémiquement consacré, soit par les jouets (qui, originellement, étaient en bois), les sabots placés devant la cheminée, le sapin, symbole de l'Arbre cosmique.

D'ailleurs, tout ce qui décore cet arbre est explicitement riche en symboles : il y a l'étoile du sommet figurant l'étoile polaire, l'étoile magique des chamans ; les boules figurant les planètes ; le ruban d'argent : la voie lactée ; les bougies : le feu vital ; les cadeaux : les forces énergétiques terrestres...

C'est pour cela que le Vieux du rêve figure l'Ancêtre originel d'où émanent tous les pouvoirs magiques. Il représente l'expérience, la réflexion due à sa très grande longévité. A force d'absorber le temps, il est devenu semblable à un Dieu. Il est aussi Juge et Prophète. C'est lui qui suscite, chez ceux qui sont appelés à s'éveiller intérieurement, certaines épreuves oniriques pour leur faire prendre conscience de leurs possibilités. Voici, à ce sujet, le rêve que fit une jeune femme :

« Devant la porte d'un jardin, entouré de hauts murs, mais d'où émergeaient quand même de grandes roses rouges, se tenait assis jambes croisées, un magnifique vieillard à longs cheveux et barbe blancs et qui paraissait dormir. Il portait une robe de lin blanc et de lui émanait une telle force que je me sentis assez angoissée. Pourtant quelque chose m'appelait dans ce jardin qui promettait d'être merveilleux. Au moment où j'en approchais, le vieillard s'éveilla comme s'il avait senti mon approche. De ses yeux sombres il regarda à travers moi. Puis je l'entendis me demander intérieurement : « Avec quoi vas-tu payer le prix d'entrée ? » Alors, en guise de réponse, je lui tendis ma main gauche sur la paume de laquelle vinrent se matérialiser deux pierres blanches. « Il n'y en a pas assez, il en manque une. Quand tu l'auras, tu reviendras », me dit le vieillard.

« Sept ans après, jour pour jour car je l'avais noté, je refis le même rêve, avec la différence qu'il y avait, à la place du jardin, une sorte de pagode dont je voyais les toits recourbés émerger des murs. Le vieillard était toujours assis devant l'entrée et je lui tendis la main gauche sur laquelle se matérialisèrent, cette fois, trois pierres. Il ne me dit rien mais je sus à son ambiance que je n'avais pas encore le droit de passage et je trouvais cela injuste, d'autant plus qu'il me demanda, cette fois, d'en rapporter six.

Devrais-je attendre encore sept ans et même plus, mais j'espère refaire ce rêve avec, cette fois, mes six pierres ? »

Rêver du Vieux n'a aucun rapport avec le rêve de vieillards. Ce Vieux-là est le gardien du Seuil, notre Gardien du Seuil qui se manifeste sous une forme ou une autre et dont nous devons tenir compte car il peut être, alternativement, notre allié ou notre adversaire selon notre état d'Eveil. S'il est notre allié, il nous cédera le passage et nous donnera la formule pour affronter et écarter le Gardien du Seuil suivant et ainsi de suite. Mais il se peut qu'il prenne des formes trompeuses pour éprouver notre discernement. C'est ainsi que, puisant dans nos formes-pensées, il se revêt d'une apparence illusoire et trompeuse, et, pour celui qui n'évoluera pas, prendra la place de la Divinité et se fera adorer comme telle.

Les esprits mauvais de défunts prennent parfois l'aspect de vieillards sales et menaçants. Ils cherchent alors à absorber par osmose la vitalité magnétique du double du rêveur.

Sur le plan symbolique, le vieillard représente l'aboutissement d'un temps terrestre. Rêver de vieillard peut, à ce niveau-là, concerner un aspect temporel de notre vie.

Une personne que la fuite du temps angoissait rêvait souvent de vieillards ricanants qui la désignaient du doigt tandis qu'elle vieillissait à son tour.

Rêver de vieillards est aussi destiné à nous habituer à vivre et à nous adapter à tous les âges de la vie, car le rapprochement vers la mort signifie le départ vers une autre renaissance.

Les vieilles femmes ont aussi leur importance dans le rêve car elles sont liées aux fonctions terrestres, maternelles, bonnes ou mauvaises. Elles agissent parfois comme des Parques.

En conclusion, les rêves de vieillards sont importants car ils représentent un aspect achevé de l'homme. Ils sont parfois porteurs de « mana », d'énergie magique et leur comportement sera souvent fonction de notre état d'esprit et de notre niveau de conscience.

Rêves de villes. Les esprits créent souvent des villes éthériques en se servant de la plastique substance astrale, et dans lesquelles vont évoluer les doubles des dormeurs. Sur un autre plan, la ville symbolise le Moi profond de l'être, tout comme le château (dessin de l'auteur).

23

Les rêves de guerres, cataclysmes, tempêtes, inondations...

C'était la guerre. J'y assistais en esprit et, d'où je me trouvais, je pouvais voir tout un pays en proie à ce malheur. Il tombait, sur les gens qui fuyaient, éperdus, une sorte de nuit brillante. L'air était plein du roulement de la canonnade qui se rapprochait de plus en plus. Une digue venait de se rompre et l'eau dévastait tout. Sur une aire miraculeusement épargnée par l'inondation, comme une bulle de sécheresse, s'élevait un monceau de cadavres d'où fluait une poussière blanche. Comme j'étais atterré par cet affreux spectacle, je vis, issu d'un soleil invisible, tomber un rayon de lumière qui dissipa l'intensité macabre de cette scène et je sentis brusquement une vague d'espoir m'envahir.

Cela est un rêve typique de conflit interne, du moins à un premier niveau d'interprétation, car rêver de guerre signifie restriction des forces instinctives et manque d'espace vital. Ces forces peuvent se retourner contre nous, car toute énergie qui stagne devient négative. Les pouvoirs qui sont en nous ne doivent pas périr.

Les soldats qui s'entre-tuent représentent notre potentiel énergétique qui s'oppose et, souvent, se détruit. Selon que nous soyons témoins ou combattants, la guerre onirique peut être interprétée différemment.

Sur le plan magique, le rêveur, en tant que témoin, assiste à une guerre d'Esprits de nature et d'affiliation différentes. En tant que combattant, le rêveur doit affronter des forces ennemies et, s'il se bat avec d'autres soldats, c'est parce qu'il s'est affilié, cette nuit-là, avec des Esprits qui lui seront favorables et dont chacun défendra mutuellement sa cause. De la vitalité du rêveur, de la puissance de ses alliés, dépendra l'issue des combats. S'ils se terminent par une défaite dans laquelle le rêveur est directement impliqué (comme : fait prisonnier, blessé, voire tué), cela annoncera de mauvaises choses pour le rêveur car l'ennemi aura pénétré dans son territoire intérieur.

Mais les rêves de guerre ont souvent une valeur positive, car ils signifient que le rêveur a toujours gardé le sens de la lutte, donc de l'évolution, et c'est dans cette lutte que son double va tenter de conquérir de nouvelles forces.

Il arrive aussi que les rêves de guerre ne soient plus des conflits psychiques que l'on essaye de liquider ou une tentative d'ingérence de forces mauvaises, mais de réelles visions prémonitoires. A ce sujet, nombreuses sont les personnes dont le double, traversant le mur du temps, assistèrent à des conflits ou des guerres qui eurent lieu peu de temps après.

J'ai connu plusieurs personnes sensitives branchées sur le courant télépathique de leur époque qui rêvèrent, même plusieurs années avant, de guerre future et, non seulement de la façon dont elle éclaterait, mais aussi comment elle se terminerait.

Pour en revenir à l'interprétation des rêves de guerre, il faudra tenir compte de l'uniforme de soldats, amis et ennemis, de leur équipement, de leur sens disciplinaire, de leur façon de combattre et, surtout, de notre comportement si l'on s'y trouve impliqué.

Un homme d'affaires (ou se prétendant tel), et dont l'existence était assez « embrouillée », avait rêvé, peu avant de faire faillite, qu'il était promu général de division et qu'il envoyait à l'assaut d'un fort des soldats dépenaillés, de mentalité douteuse et qui tenaient plus du pillard que du combattant. Le fort du rêve, on s'en doute, ne fut jamais pris. Bien au contraire, le rêveur « général » ne dut qu'à une fuite éperdue, au cours de laquelle il perdit son képi (son pouvoir), d'échapper à une contre-attaque de l'ennemi.

« Je rêvais que je me trouvais avec un ancien camarade de collège. Bien que cela fît longtemps que je ne l'avais vu, nous ne semblions nullement surpris de nous trouver sur le plateau d'un camion militaire. Je ne savais qui le conduisait. A travers les bâches arrière, que mon camarade de classe tenait écartées, je voyais défiler un paysage assez désertique que je ne connaissais pas. Soudain, une force me propulsa sur mon ami et, tous deux, nous fûmes projetés hors du véhicule. Nous nous reçûmes sans trop de mal sur le sol sablonneux. J'entendis alors une voix me dire : « Attention, vous êtes attaqués », puis des coups de feu furent tirés. Je vis mon camarade, qui s'était redressé, porter une main à sa cuisse et tomber. Je me précipitai vers lui et l'entraînai sous le camion car je savais que nous étions tombés dans une embuscade. Nous semblions être seuls et je me dis que c'en était fini de nous. Mais non... Brusquement, un vent violent se leva, soulevant le sable et aveuglant tout, sauf moi, car il ne faisait que m'entourer d'un cocon protecteur. Je me réveillai. »

Il s'agit là d'un rêve prémonitoire avec une parfaite articulation dramatique et celui qui le fit, deux ans avant qu'il se réalisât, me raconta que, durant la guerre d'Algérie, il avait retrouvé cet ancien camarade de collège qui faisait partie de la même classe et de la même compagnie que lui.

Lors d'un retour de transport de ravitaillement, ils tombèrent dans une embuscade tendue par quelques fellaghas. Leur camion sauta sur une mine et le chauffeur fut tué. Celui qui fit le rêve eut tout juste le temps d'attirer son camarade — qu'une balle blessa légèrement à la jambe — à l'abri sous les roues du camion. Soudain, une violente tempête de sable se leva, aveuglant tout et les fellaghas décrochèrent sans insister davantage, les croyant morts peut-être. C'est au moment où se leva cette tempête que celui qui me raconta ce rêve s'en souvint et cela le laissa avec une curieuse impression qui persista plusieurs jours. Un hélicoptère militaire les ayant repérés les dégagea quelque temps après.

Nombreux sont les rêves prémonitoires de guerres, de cataclysmes, d'inondations, bref de calamités que j'ai recueillis, comme si les ondes négatives de ces malheurs débordaient largement l'espace-temps dans lequel elles étaient encloses.

L'être humain est multiple car il appartient à plusieurs plans, que cela soit physique, spirituel ou magique. C'est pour cette raison que, parfois, comme dans ses rêves, son double dépasse le jardin du temps pour aller puiser des informations dans les vastes étendues du monde dit surnaturel.

Ces événements, outre qu'ils sont imposés par les dieux, car le monde ne doit cesser de se transformer pour évoluer, sont également formés par la projection des idées des hommes. Ces idées, dans le plan astral, trouvent un terrain d'amplification, jusqu'au moment où, ayant pris vie et devenues des entités propres, elles vont se concrétiser par des actions plus ou moins éclatantes, plus ou moins terrifiantes.

Mais il arrive que des rêves prémonitoires ayant trait à ces choses-là ne se réalisent pas, parfois parce qu'il est trop tôt, parfois encore parce que les idées projetées par les hommes dans l'astral ne sont pas assez fortes pour germer. Il en est d'ailleurs des idées comme des graines, beaucoup meurent au moment même où elles allaient donner leurs promesses.

Les ondes télépathiques qui nous traversent ont pour mission de nous élever l'esprit, de nous faire évoluer, de nous mettre en contact avec les entités peuplant l'Invisible Universel. Bien que niant leur existence, l'homme devra quand même les recevoir dans ses rêves auxquels il donnera des interprétations stériles ou superficielles, dont le niveau le plus élevé ne dépasse pas le compromis du symbole. La psychanalyse, cette prétendue science de l'esprit, porte la lourde responsabilité d'avoir muré l'homme dans son intellect et d'avoir donné à celui-ci une place prépondérante, alors qu'il ne devrait être qu'un instrument au service du pouvoir sensitif.

Les rêves d'inondations, de cataclysmes, en dehors du fait qu'ils peuvent être prémonitoires, expriment, à un niveau différent, des transformations de la personnalité, laquelle doit passer par un bouleversement total intérieur pour évoluer, pour être réceptive au monde invisible et au pouvoir universel qui nous traversent et nous habitent. Pour ce faire, combien de digues, de barrages, de principes, de villes-enfers, de terrains vagues sont submergés par la terrible lame qui doit tout balayer, tout nettoyer ?

Même dans ses habitudes, surtout dans ses habitudes qui sont comme autant de pièges, l'homme n'est pas en sûreté ainsi que tout ce qui vit, car tout est mouvement, changement comme nous le montrent nos rêves qui sont en avance de plusieurs temps sur nous.

24

La terre et les rêves

On ne peut parler de cataclysmes sans penser aux tremblements de terre. En dehors du fait qu'il pourrait être prémonitoire, le rêve de tremblement de terre n'est pas un bon signe pour le rêveur. La psychanalyse y voit un signe de transformation mais, dans tous ceux qui m'ont été soumis, je n'en ai trouvé que deux de positifs, et cela tenait encore beaucoup plus au contexte du rêve qu'au rêve lui-même.

Si la terre tremble c'est parce que la base, l'assise psychique et physique du rêveur est en proie à des convulsions dangereuses, à un effondrement. Ce qui tremble n'est jamais solide, c'est la logique même, et une terre qui n'est pas fixe sous les pieds du rêveur, une terre qui peut l'engloutir et le tuer, n'est pas de bon augure. Cela est présage de déséquilibre énergétique total, donnant maladie grave ou mort. Sans sa terre, l'homme n'existe plus. Mais il ne s'agit pas seulement d'une terre matérielle, car n'oublions pas que, outre la terre physique qui est le corps, nous avons chacun une terre spirituelle qui nous est allouée à notre naissance, sur laquelle il nous est donné de cultiver les fleurs de nos pensées et les arbres de nos idées.

Mais méfions-nous des mauvaises herbes, des plantes parasitaires et des fleurs vénéneuses.

La terre, on le sait, est liée à la Mère et, parfois, cette Mère se révolte en rêve parce que nous ne la respectons plus, parce que nous la laissons à l'abandon, parce que nous la polluons.

Les tremblements de terre, de plus en plus fréquents en ce siècle, ne sont qu'une révolte de l'Esprit de la Terre qui veut se débarrasser de sa vermine humaine qui l'infeste et le tue.

Soumission, générosité, douceur et dureté, tel est le caractère de la Terre, dont le principe passif est opposé au ciel, principe actif. Mais c'est de cette opposition que naît la vie. La terre est l'harmonie dans le paradoxe.

Nous devons à la Terre, cette Mère-Nourricière et quêteuse de morts, beaucoup de nos rêves car elle est un être réellement, intrinsèquement vivant, dont la sensibilité, l'intuition, ne demandent qu'à passer en nous, ce qui est possible dès que nous sommes réceptifs à elle et que nous l'aimons... Et cela n'est pas dit sur le plan symbolique, car elle est un Etre Suprême, conscient, généreux et juste, pouvant nous délivrer beaucoup de secrets, et aussi prédire l'avenir, si l'on sait comprendre son langage mystérieux.

Pour ce faire, il faut entretenir avec elle des rapports d'amant. C'est au mois d'août, à l'aube, le mois de la Terre, que le contact le plus fort s'établit. Alors, il faut invoquer sa protection tout en se tournant, à chaque fois, vers l'une des quatre directions de l'espace et lui offrir de l'huile de chanvre.

Il existe des rites destinés à communiquer avec la pensée même de la Terre, et aussi avec ses Esprits dont on peut se concilier l'aide afin de chasser les démons. Cette communication se fait, soit par la vision directe, soit, le plus souvent, en rêve.

C'est à cause du christianisme, qui a tué dans l'œuf l'essor de la pensée magique de l'homme, que celui-ci a perdu la faculté de communiquer avec les forces cosmiques et terrestres. Connaissance et religion sont deux choses bien différentes, car l'une donne tandis que l'autre possède. Il ne faut pas confondre Christ et ceux qui utilisèrent son pouvoir de rayonnement à des fins de domination.

Rêver que l'on ingurgite de la terre signifie que nous avons besoin de son « mana » pour augmenter nos forces vitales. Cela veut dire également que notre terre intérieure est affaiblie, et que nous devons développer notre sens réceptif car le réceptif est la terre, de même que le Créateur est le ciel (1).

Le *Yi-King* (2) (le *Livre des Transformations*) dit d'ailleurs à

---

1. Le Créateur est son complément, non son opposé.
2. *Yi-King*, de Richard Wilhelm, traduit par E. Perrot (Librairie Médicis).

ce sujet que le Réceptif — la terre — doit être placé sous la conduite et l'impulsion du Créateur — le ciel.

La propriété de la terre est le don de Soi. Manger de la terre en rêve signifie que l'on a besoin de régénérer et de purifier son centre vital, car, de la terre mangée, naît le feu. Cela permet d'éveiller et de capter les esprits du feu qui passent par la porte du nombril. « Manger de la terre allume le ventre », dit-on dans certaines tribus d'Afrique.

Pour les Chinois, l'Ether se trouve au centre de la terre car, comme le dit la *Table d'Emeraude* de Hermès Trismégiste (le Trois Fois Grand), tout ce qui est en haut est comme ce qui est en bas. Toute création est, avant de se matérialiser, une idée du ciel et une pensée de la terre, car c'est en ses profondeurs que mûrira le Verbe Divin.

Rêver que l'on sort de la terre comme si l'on était enseveli annonce une bonne période de renaissance spirituelle. On est sorti de sa Mère, car celui qui aura fait ce rêve sera comme une graine que sollicitent la lumière et la chaleur du soleil. Son esprit germera au grand jour, à ce jour magique qui éclaire extérieurement et intérieurement.

La terre correspond au goût et en rêver a un rapport avec ce sens, de même que l'eau correspond à l'ouïe, le feu au verbe, à la parole, l'air (le bois), à la vue.

Il rêve qu'il s'enfonce sous la terre et qu'il n'arrive plus à en ressortir. Ce rêve, combien de personnes que j'ai interrogées l'ont fait ? Souvent avec des variantes, mais l'idée de fond du thème subsiste : l'engloutissement, engloutissement dans la terre dévoratrice qui correspond à une involution, une régression et, souvent, est signe de maladie, voire de décès. C'est un rêve à sens régressif qui exprime l'état d'angoisse et d'impuissance du rêveur.

Tomber au fond de la terre et ne pas en ressortir signifie également un retour au chaos, à l'incréé pour être de nouveau créé. Mais, somme toute, les rêves d'ensevelissement sont, en général, de mauvais augure. Au contraire, l'exhumation est un rêve de libération, de renaissance, à condition que le « défunt » soit vivant et parle lors de l'ouverture de la fosse. Certains rêves d'exhumation correspondent également à la libération de forces en latence qui ne sont pas toujours très épurées.

Mais souvent, les rêves de terre annoncent inspiration, joie, plénitude. Ainsi, tel rêveur qui se voyait creuser au pied d'un arbre et extraire de la terre fraîche et brune, vit dans une motte un grain de blé qui se mit à tinter et à luire.

Lorsque l'on interprète les rêves de terre, il faut tenir compte de la saison pendant laquelle ils ont été faits et quelle est celle correspondant à son rêve. Les rêves de terre en hiver potentialisent plus souvent l'angoisse que les rêves de terre au printemps. Cependant, rêver d'une terre recouverte de neige est souvent de bon présage car la neige est le rêve de pureté de la terre.

Il m'est arrivé de rêver d'un paysage de neige de toute beauté, au-dessus duquel brillait un immense soleil rouge qui me faisait penser au disque de Râ, le Dieu du Soleil Egyptien, et au fond duquel palpitait une perle de feu blanche. Peu après ce rêve, je m'allégeais d'un tas de scories psychiques et libérais mon esprit du poids de l'angoisse et du doute. Cela se fit très vite. Comme un besoin de fumer qui se passe en quelques jours sans que la décision du fumeur y soit pour beaucoup.

Certaines personnes, vivant la plupart du temps en solitaire, soit dans un bois, une grotte ou un désert... captent les Esprits du lieu où elles se trouvent, pour vivre ensuite en osmose avec eux. Ces esprits-là, qui sont souvent des génies, apportent à l'être humain, dans lequel ils ont pris gîte, certains pouvoirs, dont celui du rêve visionnaire.

J'ai connu, il y a quelques années, un homme qui avait longtemps vécu en ermite près d'un désert. C'est là qu'il capta un djinn qui lui donna le pouvoir de voir à travers le corps humain, d'y déceler ses maux et de les guérir par imposition des mains et par formules magiques que lui dictait le génie qui l'habitait.

Je peux affirmer que cet homme-là ne se trompait jamais dans ses diagnostics (et pourtant je l'ai mis quelques fois à l'épreuve) et guérissait à quatre-vingt-dix pour cent, des cas dont la plupart était réputée incurable. Pour les dix pour cent restant, il s'agissait le plus souvent de maladies Karmiques qui dépassaient le cadre de sa compétence.

Il est bien dommage que dans l'esprit de la médecine actuelle l'on persiste à combattre et à persécuter cette sorte de « guérisseurs » pourvus du don divin, au lieu de solliciter leur collaboration qui s'avèrerait beaucoup plus précieuse que l'on ne le croit.

Il arrive que des endroits de la terre soient de véritables trappes astrales absorbant les doubles des rêveurs et les livrant à une réelle faune occulte. De même, il est des lieux souterrains imprégnés de puissance magique et allouant au rêveur ses bienfaits.

Curieux sont les deux rêves suivants (et surtout le premier) que j'ai recueillis à propos de descente sous la terre en rêve.

« Je rêvais que je marchais dans la campagne. C'était le crépuscule. Soudain, le sol s'ouvrit sous mes pas et je fus littéralement englouti. Je perdis conscience du temps de ma chute et me retrouvai miraculeusement indemne, debout, dans une salle souterraine assez vaste. »

« Autour d'une longue table recouverte d'une nappe blanche et chargée de victuailles, se tenait debout une assemblée de personnes des deux sexes qu'éclairaient les flammes de nombreuses bougies. Les hommes portaient, pour la plupart, des smokings et les femmes des robes de soirée dont le profond décolleté mettait en relief une chair cireuse. »

« Ma présence ne passa pas inaperçue et, bientôt, je fus très entouré. Ils étaient très cordiaux et me proposèrent de goûter à un plat de fèves noires. Comme je refusais (malgé moi), ils emplirent une coupe de vin noir et lourd et m'invitèrent à le boire. Au moment où j'allais prendre la coupe, un « non ! » catégorique éclata dans ma tête. Je refusai encore. Cela eut pour effet de mettre ces gens très en colère. Ils m'empoignèrent, me griffèrent et me jetèrent dehors, c'est-à-dire à la surface de la terre, près de l'endroit d'où j'étais tombé. Mais ce qui m'impressionna le plus dans ce rêve fut l'anomalie que je repérai chez ces convives au moment où ils m'expulsèrent : ils avaient tous des pattes, de grosses pattes de poules et je savais que, si j'avais goûté à leur plat, je serais devenu comme eux. »

Il va sans dire que le rêveur est passé dans une trappe astrale et a pénétré dans un lieu peuplé d'esprits inférieurs de morts qui voulaient le contaminer en lui offrant des fèves et des mets, car manger de la nourriture des morts ou goûter à leur boisson, nous fait devenir comme eux. Dans les enterrements fantômes en Corse, les morts, pour attirer les vivants dans leur confrérie, offrent aux visionnaires qu'ils rencontrent des enfants morts ou autres mets, qu'ils les obligent presque à manger. Malheur à eux si la peur les fait céder. Ils mourront dans l'année.

Dans ce rêve, la nourriture en question est la fève. Ce féculent est pourvu d'assez riches qualités chtoniennes. Elle est un réceptable d'âmes de morts (les fèves noires, du moins), et c'est pour cette raison que l'Antiquité gréco-latine a jeté un interdit sur les fèves, que l'on réservait aux offrandes funèbres.

On les disait semblables à la Porte de l'Enfer et les Egyptiens en proscrivaient tout emploi ; mais, là où l'interdit de cette dicotylédone prit le plus d'importance, ce fut dans l'école de Pythagore. Par sa forme, la fève ressemble à une sorte d'embryon recélant les forces secrètes du soleil spirituel de la terre. La fève symbolise la promesse du pouvoir vital. On remarquera d'ailleurs que, dans le gâteau des rois, la fève ne se mange pas mais se garde pour l'année suivante.

Dormir avec une fève noire près de soi peut mettre le rêveur en rapport avec des esprits de défunts, mais à condition qu'elle soit sept fois entourée d'un mince fil rouge, le Fil de Vie.

Voici le second rêve :

« Je me trouvais en train de gravir une montagne assez aride. J'avançais comme fasciné par le sommet rocheux qui avait la forme d'un œuf. Sur lui était gravé le visage austère et recueilli d'une sorte de Samouraï qui, bien que peu commode, me semblait vaguement familier. Soudain, un éclair jaillit de lui et tomba tout près de moi. Il y eut alors comme un déplacement d'air et je fus projeté au sol. Je roulai et tombai dans une crevasse. Après une courte chute, je me reçus sans mal sur un tas de choses claires et brillantes qui éclairaient l'endroit où je me trouvais. C'était une salle naturelle, sorte de grande caverne. Machinalement, je plongeai ma main dans les choses claires et brillantes et m'aperçus que c'était des diamants. Je me dis alors que j'étais riche, immensément riche de tout le bien de la terre. Brusquement je me retrouvai à la surface de la terre, tout près du sommet en forme d'œuf. Mes yeux furent captés par ceux du Samouraï minéral et je sentis descendre sur moi comme une force bienfaisante. Je me trouvai bien tout à coup et pensai que je n'aurai plus jamais peur. »

Il s'agit là d'un rêve hautement initiatique. Sorte de quête onirique où le rêveur, attiré par un Déva (le visage du Samouraï gravé dans le sommet en forme d'œuf, l'Œuf Cosmique), reçoit son influx magique (l'éclair, parole du ciel). Mais, comme il n'est pas fait de la chair des Dieux, l'éclair jouant le rôle d'éveilleur tombe à côté de lui et le projette dans le sexe magique de la terre, où il sera fécondé en tant que principe réceptif, car la terre l'est déjà par ses diamants (3), sorte de spermatozoïdes de l'absolu dont la luminosité dissipe les ténèbres intérieures. Concrétion de l'éther qu'a mûri la terre, le diamant possède une haute valeur magique. C'est un condensateur de forces cosmiques et terrestres.

Son pouvoir est brûlant, il libère et c'est pour cela que l'heureuse personne qui fit ce rêve se retrouva, au cœur de sa joie, près du sommet de la montagne en forme d'œuf, symbole universel.

Sur cet œuf est gravé le visage d'une divinité de la montagne dont l'aspect guerrier est fait pour repousser toute mauvaise influence. De regarder les yeux de celui qu'il appelle le Samouraï, charge le rêveur d'un influx bienfaisant, car l'œil magique a pour première vertu de protéger contre le mauvais œil. De plus, le rêveur ajoute qu'il sent qu'il n'aura plus jamais peur, car ces yeux-là sont des neutralisateurs d'angoisse puisque divinisés.

Il s'agit ici d'un bel exemple de rêve de souveraineté psychique. D'ailleurs, la personne qui le fit s'était déjà avancée dans la Voie de la Connaissance, mais n'avait pas encore eu le cautionnement des puissances terrestres et cosmiques. Ce rêve le lui apporta.

---

3. Le diamant, symbole de l'illumination, de la sagesse, a le pouvoir de chasser les mauvais esprits, d'éloigner les enchantements, de lutter contre le venin, les poisons, etc.

Rêver d'une flamme haute et droite est signe de réussite, de triomphe... (photo Ghislaine Vezzani).

25

Les rêves de feu

1. Le feu et la fumée

Les rêves de feu sont souvent assez complexes à analyser car le feu possède plusieurs niveaux de spiritualité. Du feu profane au feu magique, en passant par le feu céleste et le feu alchimique, il y a tout un monde.

Dans les rêves de situation, voir qu'il y a le feu sous le toit de sa maison signifie que la santé mentale du rêveur est menacée. La maison symbolisant l'individu, le toit et le grenier sont sa tête et ses fonctions cérébrales. Souvent, les rêves d'incendie sont signe d'hypertension artérielle, de troubles cardio-vasculaires, notamment chez les sanguins, comme nous l'avons vu au cours de ce livre.

Dans la Tradition Chinoise, le feu est d'ailleurs en rapport avec le cœur, ainsi que l'intestin grêle, les artères et le sang. Son psychisme est en rapport avec la conscience et la joie, de même que la terre est liée à la naissance des idées, l'eau à la sexualité, le bois (l'air) à l'imagination, le métal aux automatismes.

Mais, de par sa texture subtile, le feu est avant tout un esprit et, dans cet esprit, vit une myriade d'autres esprits tels les salamandres.

Destructeur ou purificateur, le feu peut être ces deux extrêmes. Du niveau purificateur sa fonction est de brûler ce qui est corrompu, mort ou desséché en nous.

Dans les rêves de feu, il faut tenir compte, peut-être avec beaucoup plus de précisions que dans les autres rêves, de certains détails, telles l'orientation de la flamme, sa luminosité, sa couleur et s'il dégage ou non de la fumée.

Rêver d'une flamme haute et droite est signe de réussite, de triomphe, mais si elle est penchée, cela équivaut à une déperdition de forces... Lorsqu'une flamme de bougie s'éteint brusquement en rêve, comme soufflée par une personne invisible, cela annonce souvent malheur ou mort, surtout dans l'entourage du rêveur.

L'âme qui s'élève vers les sphères supérieures pourrait être comparée à de la fumée car elle est l'expression des rapports entre le ciel et la terre.

C'est par la fumée des feux sacrés qu'organisent, par exemple, les Indiens d'Amérique du Nord, que les entités spirituelles descendent sur terre et se manifestent. Le feu appelle les Esprits Célestes qui se « matérialisent » dans la fumée. Porteuse d'esprits provenant également des matériaux se consumant dans le feu, la fumée est l'image même de la fugacité des choses. Un rêve de fumée, surtout si elle est dissipée par le vent, peut être lié à quelque chose d'éphémère.

Mais il est certaines fumées véhiculant des entités mauvaises ; cela dépend du matériau dont se nourrit la flamme. Un homme possédé par des forces mauvaises rêva, la nuit qui suivit son exorcisme, d'une haute flamme rouge jaillissant d'une mare d'eau, flamme prolongée d'un dégagement de fumée noire agressive. Après cela, il fut définitivement guéri.

Contrairement à la blanche, la fumée noire ou gris foncé est souvent porteuse de démons (1) et ceux-ci s'imprègnent partout. Je pense à de la fumée issue des fours crématoires dans les camps nazis et autres, où un déporté, qui échappa par miracle à la mort, me raconta qu'il avait rêvé, peu avant l'intervention des alliés, que la fumée des fours était hantée d'une multitude de formes voraces, effrayantes à voir. Une voix lui dit alors qu'ils mangeaient les âmes des morts destinées à alimenter l'égrégore nazi.

Une jeune femme me raconta aussi qu'elle se trouvait dans une chambre très froide et qu'elle demandait à son fiancé d'allumer du feu dans la cheminée, ce qu'il essaya de faire mais le bois prit mal et, au lieu de flammes claires et réjouissantes, il n'y

---

1. Le mot grec *daïmon*, génie, a fini par prendre la signification d'entité occulte malfaisante ; en fait les démons sont des génies qui peuvent changer alternativement d'état et de formes, et devenir malfaisants pour ceux qui ne peuvent les maîtriser.

Rêve de feu. Le feu est une entité puissante, habitacle d'esprits purificateurs appelés salamandres (peinture de l'auteur).

eut qu'un affreux petit feu qui se mit à fumer énormément, obscurcissant la pièce. Par la suite, leur liaison devint si orageuse qu'ils durent se séparer. C'est de feu intérieur que leur amour avait manqué.

Mais les apparitions divines se manifestent souvent sous l'apparence du feu, car il n'est de « matière » plus subtile, plus belle, plus fascinante et dangereuse.

Si vous allumez un feu magique, c'est-à-dire avec les matériaux adéquats (2), et en faisant les évocations nécessaires, vous verrez apparaître dans ses flammes (ou dans sa claire fumée) quantité de formes animales ou semi-humaines, faisant le plus souvent partie d'un bestiaire qui n'existe pas sur terre. Ce sont soit les esprits du feu, ou plus exactement des salamandres comme on les appelle, soit des entités spirituelles issues du ciel, et vous pourrez les voir en fixant intensément le foyer tout en maintenant les yeux très écarquillés. Il vous sera plus aisé encore de les découvrir en filmant le feu et en faisant passer le film dans une visionneuse, image par image, car les esprits du feu changent de forme à tout moment.

C'est parce qu'il est le *véhicule* des plus puissantes forces spirituelles que le feu est considéré comme le plus subtil des quatre éléments, le plus pur et le plus actif aussi. Pour cette raison, les rêves de feu situés dans un bon contexte onirique augurent souvent de la manifestation d'une puissance extra-humaine, qu'elle soit céleste ou terrestre. Par exemple, rêver d'un grand feu clair, fait de hautes flammes rouges, au cœur de la nuit, annonce la manifestation du Divin au cœur de nos ténèbres intérieures.

Le feu du rêve se nourrit de matériaux divers, qu'ils soient matériels, psychiques, affectifs, si ce n'est l'ensemble car il est très vorace. Il rend d'ailleurs certaines de nos pensées identiques à lui et signe beaucoup de nos actions passionnelles. Ne dit-on pas d'ailleurs « pris dans le feu de l'action » ou « le feu de la passion » ?

Etant une entité double, le rêve de feu pourra signifier soit destruction, soit régénération. Par exemple, une personne menacée de folie rêva qu'elle plongeait sa tête dans un bac plein de flammes, cela afin de laver le feu vicieux qui brûlait dans son cerveau. A la suite de ce rêve, elle ressentit un grand allégement et

2. Au départ le feu magique se fait avec sept essences d'arbres.

retrouva son équilibre mental comme par enchantement. C'est à son double, qui traita le mal homéopathiquement, c'est-à-dire en se servant de la loi des semblables, qu'elle dut sa guérison.

Le rêve de feu tellurique peut être, lui aussi, chargé d'un sens favorable s'il est bien reçu. J'aimerais vous citer un genre de rêve ayant trait au feu tellurique et qui me troubla assez. Le voici :

Je me trouvais dans un champ au milieu duquel se dressait un très beau dolmen. Soudain, apparut près de moi une assez jolie femme très brune et à la peau également très foncée. Elle portait, partant de la base du cou et montant jusque sous son œil droit, la trace, pour ne pas dire l'empreinte, d'une flamme bistre.

Sans plus s'occuper de moi, elle tendit le bras droit en direction du dolmen, les trois premiers doigts ouverts, et se mit à évoquer l'esprit du dolmen. Alors, je vis se former au-dessus de la table de pierre une forme fluidique qui ne tarda pas à composer le visage d'un très vieil homme. Ses yeux avaient l'intensité du diamant et je pensai que, pour un profane, il serait dangereux de les regarder. Puis, la jeune fille lui demanda de me passer un peu de son pouvoir. Les yeux de l'apparition s'allumèrent davantage et d'eux partit un éclair blanc, très court, qui me pénétra la tête et me sidéra un instant. Ensuite, comme s'ils avaient accompli leur mission, ils disparurent. Désirant mieux me faire connaître par la jeune magicienne, je lui fis savoir que j'étais chaman. « Je sais, me répondit-elle, et c'est pour cela que je suis venue, pour ajouter de l'amour de la terre à ton amour pour... » (là, j'ai oublié le mot) et, dans un geste d'affectueuse tendresse, elle voulut passer son bras autour de mes épaules. Mais une telle chaleur irradiait de son corps que je dus me dégager d'elle, sachant fort bien pourtant, que je pouvais tout de même supporter ce contact. Sans se froisser, elle me donna un nom, son nom peut-être, que je devrai prononcer lorsque, dans ma vie, j'aurai un problème important à résoudre. J'eus à suivre ses indications quatre fois (car il y a plus de trois ans que j'ai fait ce rêve) et, à chaque fois, la solution me fut donnée, soit en vision, soit en rêve. De plus, de très bonnes périodes d'inspiration et de création s'ensuivirent.

Je rêvai une autre fois d'elle. La veille je l'avais évoquée lors d'une pratique chamanique. Et, dans la nuit qui suivit, j'eus droit à sa visite, très attendue d'ailleurs. Je venais de sortir de mon corps, porté vers un paysage astral, sorte de désert composé d'infimes cristaux verdâtres d'où se dressaient, çà et là, des roches dans lesquelles étaient gravés d'étranges signes et formes. Soudain, elle se matérialisa devant moi, assez loin cependant. Elle portait une robe fluidique, laiteuse et, de son front, jaillissaient des lueurs qui développèrent en moi une sorte d'exaltation visionnaire. Un vent chaud soufflait, faisant résonner les roches et suscitant un climat passionnel si puissant qu'il m'entraînait à la limite de l'humain. Malheureusement, un bruit extérieur me tira brutalement de mon sommeil et il me fallut un certain temps pour revenir à moi.

Le feu du ciel est souvent apporté par un oiseau, tel le corbeau chez les Indiens d'Amérique du Nord, et ce feu rejoint le feu sensuel issu de la terre et représenté par le serpent. Le feu est l'enfant d'Ormuzd, dit le *Zend Avesta,* le principe universel du mouvement et de la vie. C'est par lui que tout respire, la terre lui doit sa fécondité, l'animal son existence, l'arbre sa végétation.

C'est pour cela que rêver de feu est toujours un événement dans la vie du rêveur car il marque souvent le réveil de grandes puissances psychiques et occultes.

« Le feu existe en tout, dit saint Denys l'Aréopagite, pénètre tout, est reçu partout. Quoiqu'il donne sa lumière en entier, il la tient cachée tout à la fois. On l'ignore quand on ne lui donne pas une matière pour exercer sa force ; il est invisible, mais indomptable et il a le pouvoir de transformer en lui tout ce qu'il touche... Il a la puissance de saisir mais on ne peut le prendre. Il produit, il est puissant, il est invisible et présent à tout... Voilà pourquoi les théologiens ont déclaré que les substances célestes étaient formées de feu et, par cela, faites, autant que possible, à l'image de Dieu (3). »

Il est un feu magique, qui se manifeste sous forme de flammes blanches, qu'il m'a été donné de voir, non seulement dans certains de mes grands rêves, mais aussi le jour de la Saint-Jean dans une forêt enchantée. Je m'y trouvais avec plusieurs personnes et nous eûmes le grand bonheur de voir la clairière parsemée de flammes blanches qui jaillissaient de la terre. Certaines atteignaient les basses branches d'arbres séculaires. J'ai été au cœur d'une véritable fête cosmique.

---

3. Saint Denys l'Aréopagite, *De Coelesti Hierarchia* (Edition d'Anvers, 1834).

Etant porteur de germes créateurs, le feu est l'agent céleste par excellence. Quelques personnes de ma connaissance ont eu le privilège de rêver de feu régénérateur et porteur d'une inspiration qu'on appellera sacrée.

J'ai moi-même rêvé à des feux faits d'une substance fluidique plus ou moins transparente et qu'aucun matériau terrestre n'alimentait.

C'est également sous forme de flammes laiteuses, petites et très mobiles, que certaines entités aériennes se manifestent à nous, mais notre ouverture d'esprit et notre sens cosmique étant pratiquement nuls, nous ne pouvons pas saisir ces manifestations magiques situées à côté de l'humain. Nous les mettons sur le compte de la divagation ou d'un excès d'imagination, encore que l'on ne sache pas que l'imagination est une des formes les plus élevées de l'intelligence. Mais pour l'homme de mentalité magique, le feu et la lumière sont toujours considérés comme l'expression de puissances supérieures.

Voici d'ailleurs à ce sujet un rêve curieux que je fis à propos d'un certain feu : je me trouvais au sommet d'une montagne, fasciné par un grand feu fait de flammes blanches. La nuit noire qui l'enveloppait rehaussait son étrangeté. Je m'approchais du feu et regardais en lui. Je m'aperçus alors qu'en guise de bois des dizaines de têtes humaines l'alimentaient. Ces têtes étaient vivantes et ne souffraient nullement d'être dans les flammes. Au contraire, il semblait que c'était elles qui produisaient ces flammes. Soudain un vent habité se mit à souffler excitant ce peu commun brasier. Les flammes s'étirèrent, blanchirent, et parurent atteindre les étoiles. Puis je vis du ciel se détacher une météorite qui tomba dans le foyer et l'éteignit d'un coup. Là où il y avait ces fameuses têtes, plus rien d'autre qu'une cendre blanche et pure qu'écarta un brusque coup de vent laissant apparaître de splendides joyaux dont l'éclat me ravit.

Aucune interprétation psychanalytique n'est adaptable à ce rêve car il s'agit ici de la communication d'un pouvoir cosmique à travers le jeu de forces et de formes des éléments.

Le feu blanc issu des têtes est celui de mes Ancêtres et les flammes qu'il dégage expriment un pouvoir magique ancestral. Ces têtes sont aussi des sortes de relais conscientiels de l'univers, matérialisées et humanisées pour donner à mon rêve un plus grand poids. De plus la tête est liée au ciel et non à la terre comme on le croit, car elle est la demeure des Puissances Supérieures.

L'on ne peut parler de feu sans citer le résidu de sa combustion : la cendre. Sur le plan symbolique, la cendre signifie renoncement, pénitence, maladie ou mort, mais cette mort peut annoncer également une régénération, cela dépend du contexte du rêve, de l'état de la cendre ainsi que de sa teneur en chaleur. Une femme dont la vie avait été parsemée d'épreuves et de peines avait rêvé, vers la fin de ses tourments, qu'elle se roulait nue dans de la cendre chaude et en éprouvait un grand plaisir. Cela signifiait que la rêveuse se débarrassait des influences pernicieuses dont elle était imprégnée. Chez certaines peuplades d'Afrique, les veuves s'enduisent le visage de cendre, non seulement en signe de deuil, mais surtout pour éviter d'être reconnues par l'esprit du défunt. La cendre, dans beaucoup de rites magiques, et surtout celle issue de foyers sacrés faits le jour de la Saint-Jean, est de très bonne utilisation pour éloigner les mauvaises influences.

2. La cendre

Souvenir du bois, principal matériau du feu, la cendre agit sur l'initié comme une mémoire. Par elle, il pourra avoir ressouvenance de grands passés magiques concernant le lieu où fut pris le bois destiné à alimenter son feu. Ainsi j'eus, lors d'un feu rituel fait de sept essences d'arbres différentes pris dans une forêt proche, la vision dans les flammes et la cendre de ce qu'il s'y passa jadis. Je revécus également en vision certains rites druidiques, et m'apparurent en différents lieux les emplacements sacrés où ils officiaient. Ces lieux portent pour la plupart des noms en rapport avec les manifestations qui s'y déroulèrent.

Plus d'une fois, le feu et la cendre m'aidèrent à étayer mes visions et très souvent les salamandres et l'Esprit du bois qui brûlaient me délivrèrent des messages, des enseignements.

Lors d'une expérience se rapportant au feu je rêvai, la nuit qui s'ensuivit, de l'étrange visage qui était apparut sur le tronc d'un figuier lors de sa consumation. Puis je fus poussé à prendre une braise en main. Elle était plutôt froide et je m'aperçus qu'en la regardant elle s'était changée en œil vif et rougeoyant. L'on me dit de serrer très fort la main, ce que je fis et soudain, je me vis transporté au cœur d'une forêt où poussaient beaucoup de figuiers. Toutes les branches des arbres fourmillaient d'Esprits de toutes sortes qui menaient un grand tapage. De leurs troncs en sortaient également d'autres, mais ceux-là d'une grande beauté. Et tous étaient reliés à un Déva qui régnait très haut au-dessus de cette forêt. Il unissait en lui les deux sexes et tout son corps était environné d'une lumière mordorée. Sur son front étincelait une perle qui semblait être son centre de conscience et ses yeux étaient longs et lumineux. De chaque côté de ses tempes voletaient de petites flammes et des étincelles dorées. Il était relié à la conscience supérieure de la Terre-Mère et du Ciel. Sous son regard le sol qu'il fixait libérait une émotion et une connaissance qui se traduisaient en ondes colorées. C'était de toute beauté ! Au réveil je remerciais l'Esprit du figuier et les génies du feu de m'avoir apporté un rêve aussi enrichissant.

Rêver de cendre froide n'a pas du tout la même signification que les rêves ayant trait à la cendre chaude. Si cette dernière porte encore l'empreinte de l'appétit du feu et sa semence, la première est une cendre qui a perdu de sa puissance germinatrice, plus encore, le sceau de l'oubli la marque. C'est pour cela que rêver de cendre froide et surtout humide signifie peines en perspective, maladie et parfois décès. Un quinquagénaire dont le mental était encrassé rêvait souvent qu'il se trouvait dans une pièce très froide, mal éclairée, près d'un poêle qui tirait mal parce que la cendre l'étouffait. Et chaque fois qu'il en enlevait, il s'en remettait d'autre comme par enchantement. Il est sûr que cette personne était en perte d'énergie, et que le feu en elle fonctionnait très mal et qu'elle aurait eu besoin d'un bon ramonage psychique. Sur un autre plan cela a trait aussi à des problèmes sexuels, mais ce n'est pas l'essentiel de l'objet de ce rêve, car il exprimait également du point de vue santé un mauvais fonctionnement cardio-vasculaire.

3. Le feu vital

Nous avons vu que selon la tradition chinoise le feu est lié au cœur, au cerveau, aux vaisseaux, aux nerfs et à l'intestin grêle. Ainsi une personne eut en rêve la date assez précise d'une grave attaque cardiaque, si elle avait su faire décrypter son rêve. Elle avait rêvé qu'elle se tenait dans une cuisine sombre (lieu de transformation alchimique des nourritures terrestres) devant une cheminée où flambait un feu assez agréable. Mais, soudain les flammes se mettent à rapetisser, vacillent et ont comme des ratés. Affolée, car dans le rêve de cette personne il était affolant que les flammes s'éteignent, elle y remet des journaux et du bois. Rien n'y fait, le feu diminue de plus en plus. Journaux et combustibles légers se consument plus qu'ils ne brûlent.

Le feu n'est pas seulement un fructificateur, il est aussi un exorciseur et pour conjurer les démons, les influences mauvaises, on lui offre, lors de certains rites chamaniques, un morceau de lard que l'on tient suspendu un moment au-dessus de lui, après s'être tracé avec la graisse fondue, sous le poignet gauche, une croix. Pour avoir des rêves de feu, c'est-à-dire des rêves plus spiritualisés, on peut suivre un régime favorisant la montée de cet élément dans le corps. Ainsi on prendra davantage de café (4), car cette plante est le domaine de prédilection des esprits du feu, l'on mangera plutôt du mouton, animal du feu, et du riz complet.

Mais il s'agit d'un feu vital, élément d'éveil, d'inspiration et de joie dans le corps de l'homme. Sans le feu (5), l'homme est la proie des démons et autres entités porteuses de maladies. On le détecte et on le renforce en prenant les pouls chinois, pouls qui permettent d'aborder facilement les rythmes des différentes fonctions de l'homme.

Le feu est un don du ciel et dans l'interprétation des rêves l'intervention du feu est de toute importance. Mais il faudra tenir compte de la nature de ce feu, de sa couleur, de sa disposition, du sens de ses flammes et aussi, si cela est possible, de quels matériaux il s'alimente. Un feu de l'esprit ne doit pratiquement pas dégager de fumée et si cela est, la fumée doit être mince, claire, droite et haute (6).

4. Rêver que l'on boit du café correspond à un besoin d'éveil.

5. Il ne faut pas confondre ce feu avec le feu vicieux qui est un feu humide.

6. Dans son excellent ouvrage *le Symbolisme du Feu* (Payot), Jean-Pierre Bayard répertorie toute une variété de feux de fonctions différentes.

26

Pouvoirs des arbres dans les rêves

Certains bois sont bons pour chasser les maléfices ou éloigner les mauvais esprits, que ce soit sur le plan de veille ou sur le plan du rêve. Mais sur le plan qui nous intéresse, c'est-à-dire celui du rêve, je pense qu'il est bon de dormir avec, près de son lit, soit un petit morceau de bois de *bouleau,* de *sorbier* ou de *frêne*... A propos de bois protecteur, il est à mentionner que l'on faisait jadis des berceaux en bois de bouleau, arbre réputé aux ondes bénéfiques. Il était tenu pour dangereux de les faire avec du sureau.

La présence de *bois d'aulne* prédisposera aux rêves de feu, de même que le *saule* nous mettra en rapport avec les esprits de l'eau et de la lune et pourra nous ouvrir la voie des songes poétiques, car le saule est connu pour être l'arbre sacré des poètes. Néanmoins, ses pouvoirs sont doubles car il attire et fixe aussi les esprits errants.

Le *chêne* donne des présages heureux surtout si on le rêve couvert de feuilles. Avant d'avoir un songe prémonitoire, je rêve souvent d'un grand chêne feuillu qu'anime un vent assez doux. Rêver d'un chêne foudroyé est, par contre, plutôt de mauvais augure.

Pour contacter les esprits du soleil, il est bon de dormir avec, sous son oreiller, quelques feuilles de chêne, de même que l'on pourra entrer en contact avec les génies de la terre si l'on met à tremper quelques glands fraîchement ramassés dans un petit vase en terre que l'on mettra à son chevet. Ces génies-là susciteront souvent des rêves heureux, imprégnés de plénitude et de force.

Mais il faut faire attention à ne pas trop utiliser le chêne pour exciter les songes ayant trait aux forces lumineuses car il pourrait donner de l'insomnie tant les ondes qu'il émet sont puissantes.

Relais de la terre et du ciel, les arbres reçoivent et émettent les vibrations de notre univers. Ils agissent comme des stations de radio. Même mort, l'arbre demeure un résonateur captant toutes les énergies qui circulent autour de lui, énergies du monde visible et des mondes invisibles. Il porte en lui la signature des éléments contre lesquels il se bat. Etant captateurs, les arbres attirent aussi bien les esprits de la nature, que les esprits des morts ou le double des dormeurs. L'on peut dire que si chaque arbre a ses caractéristiques propres, il a aussi ses habitants particuliers.

Pour en revenir au pouvoir bénéfique de certains arbres dans les rêves, on peut signaler le *noisetier* dont la présence de branches dans une chambre à coucher, branches qui doivent être coupées à la pleine lune, prédisposera le rêveur aux songes divinatoires.

Le *figuier* prédisposera, par contre, aux songes initiatiques. C'est un bon condensateur fluidique et du fait, il est relié au dieu Pan, il a le pouvoir d'éveiller l'énergie magique qui dort en la plupart d'entre nous. Comme l'olivier, cet arbre ouvre la voie des rêves mystiques.

Affectionné par les Esprits de la nature, cet arbre a le pouvoir de nous relier aux ancêtres. Si nous lui donnons suffisamment d'amour — car il est très sensible — il est susceptible de protéger notre double lors de son évolution dans le temps du rêve. Le bouc, animal du feu et de la fécondité, lui est associé. D'ailleurs, les Latins donnaient au figuier sauvage le nom de *Caprificus,* ce qui veut dire figuier dont l'odeur est forte comme celle du bouc. C'est en observant les courants de forces de son bois que l'initié pourra redécouvrir les messages du passé, car le figuier est un imprégnateur des mémoires. En lui réside la mémoire des millénaires. Sa cendre mise en sachet et déposée sous l'oreiller peut nous aider, lors de notre sommeil, à remonter dans les aubes du lointain passé où l'homme n'était pas encore coupé de son essence cosmique. C'est en évoquant ses bienfaits et en goûtant rituellement à son fruit que l'on peut entrer en communication avec les Ames des Ancêtres et bénéficier de leur enseignement.

L'arbre, médium des forces du ciel et de la terre, tient une grande importance dans le rêve (photo Antoine Guerra).

La présence de l'*if,* de l'*asphodèle* ou du *buis* près du dormeur aimanteront plutôt son double vers l'empire des morts car ils sont comme autant de portes ouvertes sur leurs plans. Mais il s'agit ici de morts n'étant pas encore purifiés de leur essence terrestre donc moins évolués. Il ne faut pas oublier que le buis était consacré dans l'Antiquité à Hadès, dieu des Enfers ; mais cet arbre est également connu chez les Anciens comme symbole de fertilité à cause de son feuillage persistant.

Le parfum de branches de *pommier* en fleurs nous mettra en contact avec la Déesse, c'est un arbre de grand pouvoir magique. Je me souviens d'avoir dormi un après-midi de septembre sous un pommier, et d'avoir vu en rêve un être de lumière tenant une flûte de cristal et en tirant des sons mélodieux qu'il disait mentalement être la musique du pommier. Et chaque fois que je l'entendrais jouer de nouveaux messages me seraient apportés de l'Autre Monde, ce qui n'a pas manqué de se faire par la suite.

L'*oranger* exerce un grand pouvoir dans le rêve. Si l'on fait macérer ses fleurs dans de l'eau que l'on laissera un certain temps au soleil et que l'on boira ensuite, non seulement on aura un bon sommeil, mais cela favorisera les rêves se rapportant au monde des Fées et autres entités aériennes. Notre double ainsi aimanté sera attiré par elles dans leur sphère sensuelle et le rêveur, s'il est tant soit peu créateur, verra se développer son inspiration.

La présence de branches d'*amandier* favorisera de bons rêves car cet arbre symbolise non seulement la fécondité, mais aussi la protection de soi-même. Issu de la semence de Zeus, qu'il perdit en rêve, le fruit de l'amandier par son aspect érotique, est une porte donnant sur le monde divin d'où s'écoulent les neufs sources de l'immortalité. D'ailleurs, j'ai connu une personne qui ne faisait de rêves intéressants que lorsqu'elle mangeait des amandes avant de se coucher et cela, le 3, le 9 et le 27 du mois.

C'est en faisant des expériences oniriques avec l'amandier que je pus pénétrer en rêve dans cette ville mystérieuse de Luz dont parle la tradition juive et que l'on tient pour un séjour d'immortalité. J'y vis, après avoir franchi une porte colossale incrustée de diamants aux feux brûlants, une fontaine étrange qui semblait d'ivoire. Elle avait vaguement une forme de crâne, et par ses deux trous figurant des orbites, s'écoulaient une eau dorée et

Rêve de forêts. La forêt est non seulement un réservoir énergétique, mais aussi un lieu à pouvoirs et à esprits, car le bois est un imprégnateur de fluides et un captateur de forces (dessin de l'auteur).

une autre argentée s'unissant en onde mélodieuse dans un bassin. De cette eau s'élevait une profusion d'arcs-en-ciel de différentes dimensions. Tout autour de moi, je sentais la présence d'esprits dont les vibrations exaltaient mon âme.

Le *peuplier* est l'arbre des limites. Arbre réceptacle, c'est un captateur d'esprits de l'Eau, de l'Air et de la Terre. Il est également un isolateur de mauvaises influences, c'est pour cette raison qu'Héraclès, dans les légendes grecques, s'en fit une couronne de rameaux pour descendre aux Enfers. Arbre double, le peuplier fixe les esprits errants dans le sol. Sa présence prédisposera aux rêves mélancoliques.

Egalement captateur des esprits des eaux, le *noyer* peut être de mauvaise influence pour ceux dont la longueur d'onde n'est pas en rapport avec cet arbre. Bien qu'il ait une propension à submerger l'homme de son ombre habitée, il peut développer en lui le don de prophétie. En Grèce, l'on rendait d'ailleurs un culte à la clairvoyante Artémis Caryatis qui fut changée en noyer. Quelques feuilles glissées sous l'oreiller, peuvent développer chez le dormeur la faculté intuitive. L'Esprit-Maître du noyer se manifeste souvent sous la forme d'un serpent, une couleuvre, avec qui il sera bon de passer un pacte d'alliance si l'on veut que l'arbre nous accorde le don de prophétie.

La *noix* (1) est une sorte d'œuf cosmique végétal dans lequel sont inscrits les secrets vibratoires de la nature. En éveillant et en libérant le génie de la noix on peut apprendre beaucoup de choses. C'est en hommage à la mémoire cosmique dont s'imprègne le fruit du noyer que l'on se doit d'offrir à la divinité de la saison, lors du solstice d'hiver, deux noix, dont l'une sera peinte en argent et l'autre en or. Ces noix seront mises au pied d'un sapin.

Si le *cyprès* ressemble à une flamme c'est parce qu'il est sur le plan magique l'arbre des épurations. C'est pour cette raison qu'inconsciemment on le plante dans les cimetières car il capte et dissout les fluides pourris des morts, de même qu'il fixe dans ses

---

1. Selon la *Médecine des Signatures* chère à Paracelse, la noix est bonne pour fortifier le cerveau auquel elle ressemble.

racines de dangereuses entités errantes. Le cyprès est avant tout un captateur d'âmes qu'il purifie et élève. L'apparition en rêve de ce conifère peut également être annonciateur de deuil car il est aussi une porte sur le monde des morts et, contrairement à la consomption des êtres et des choses qu'il domine de sa hauteur, son bois est quasiment incorruptible.

Pour en finir avec ces quelques arbres au pouvoir onirique certain, je mentionnerai le *citronnier* dont la présence est bonne pour éloigner les entités parasitaires qui se fixent dans le corps du dormeur et vampirisent son ombre. Rappelons que l'ombre est une entité propre qui capte le tellurisme et assume dans le corps de l'homme endormi la prise de terre assurant ainsi sa survie.

*
* *

L'arbre, c'est-à-dire le bois, est lié aux mémoires ancestrales et cosmiques qui circulent dans l'espace sous forme d'ondes et imprègnent la nature. C'est pour cette raison que l'arbre est considéré dans la Tradition comme le symbole de la substance universelle. Il est une manifestation du tonnerre de la terre, donc de son énergie, une poussée du yang et nous lui devons nombre de rêves. De plus, il a beaucoup de similitudes avec l'être humain à la différence qu'il est renversé comme l'homme l'est à la fin, lors de sa période fœtale. D'ailleurs nombre de légendes mentionnent une origine végétale à l'homme, ou une parenté dont nous ne pouvons développer les constatations ici. Etre sensitif par excellence, demeure des esprits, captateur d'entités et d'âmes, relais des dieux et des déesses, l'arbre tout comme l'homme à son origine, exerce une fonction de médium entre les forces de la terre et du ciel.

Rêve de forêts (illustration de l'auteur).

Conclusion

Le rêve, nous l'avons vu, est une seconde vie et, pour certains, elle est même la première, cela dépend à quelles étoiles leur psychisme est relié. « La réalité serait toute autre si on la considérait en partant du rêve », écrivait très justement le poète Remizof(1). Bien que la psychanalyse ait tenté de le classifier et de le codifier, le rêve échappe à toute orchestration, car il n'est pas une manifestation de l'inconscient, ce dieu abstrait, cette sorte de fourre-tout inventé de toutes pièces, mais un contact, une rencontre avec son centre supérieur et avec les entités spirituelles peuplant les Autres Mondes. « Autrefois, écrit si justement à ce sujet Rudolf Steiner (2), quand les hommes montaient durant leur sommeil dans les mondes supérieurs et y apportaient une vague conscience clairvoyante, les entités spirituelles étaient, si l'on peut dire, intéressées à cette présence de l'homme, elles gagnaient quelque chose, pour vulgairement parler, au contact de l'homme, elles s'en trouvaient enrichies intérieurement. Car ces entités étaient encore unies étroitement à l'homme. Elles l'inspiraient, elles exerçaient leur influence sur sa conscience imaginative encore obscure... Au fond c'est encore aujourd'hui ce qui a lieu, mais l'homme n'en sait rien, tandis qu'il le devinait autrefois par une clairvoyance obscure. »

Le rêve est aussi une manifestation de la spiritualité des éléments en nous, soit par leur aspect positif, soit par leur aspect négatif et cette spiritualité des éléments réside dans des organes appropriés de notre corps, ainsi l'air pour le foie, le feu pour le cœur, la terre pour la rate, l'eau pour les reins... Ces éléments lorsqu'ils sont contrariés se manifestent parfois dans nos rêves

---

1. Remizof fut un grand poète méconnu du rêve.
2. *L'Univers, la Terre et l'Homme*, Rudolf Steiner (Ed. La Science Spirituelle, 1950).

sous forme animale. Ainsi, après une séance d'acupuncture traditionnelle (c'est-à-dire en se basant sur les pulsions des pouls et en tenant compte de la position des étoiles), une personne dont le feu psychique était devenu vicieux rêva la nuit suivante que sous un parasol (sa tête) une tortue noire (l'élément eau spiritualisée) dévorait une grappe de serpents rouges et bruns (son feu vicieux). Après ce rêve, tous ses troubles disparurent.

Le rêve est provoqué par la sortie du double, ou corps astral, et il faut se garder des conceptions purement intellectuelles et tarabiscotées du rêve, telles que les a imposées la psychanalyse. La remise à jour du symbolisme par elle a certes amené de l'eau au moulin du rêve, mais elle lui a enlevé sa véritable dimension, son rôle de lien entre le monde dit invisible et le monde visible. Etant jugé par la psychanalyse comme une chose fonctionnelle, une manifestation du monstre inconscient (3) inventé par l'homme et mis à son service, le rêve n'a plus dans la pensée actuelle qu'une fonction profane, alors qu'il est avant tout essentiellement magique. Le rêve est sous l'égide d'entités propres qui guident et protègent notre double lors de ses incursions dans les plans parallèles. D'ailleurs beaucoup de légendes — ces archives universelles — parlent de ce monde du rêve où l'homme des lointains avait une texture physique assez différente de la nôtre et se mouvait avec aisance dans l'Invisible Universel. De là, il ramenait enseignements et messages des Dieux. Ainsi parle-t-on dans les légendes australiennes de l'Alcheringa ou Ere du Rêve où la femme avait une prépondérance magique. Mais au cours des millénaires, l'homme, en se refroidissant intérieurement a perdu cette sensitivité suraiguë qui faisait de lui le médium du Ciel et de la Terre. Devenu abstrait, l'homme a actuellement perdu l'essence du sentir.

L'on pourrait rétorquer à ce que je soutiens que tout cela n'est qu'imagination (4), mais l'Imagination n'est-elle pas la faculté de mettre en image — le mot le dit d'ailleurs — sous forme de nature, de planètes, de soleils, les forces issues de l'Invisible universel ?

---

3. L'inconscient n'existe pas dans la mentalité magique.

4. L'imagination est ce qui nous permet de communiquer avec les entités spirituelles des mondes parallèles. Elle est une des plus hautes facultés humaines.

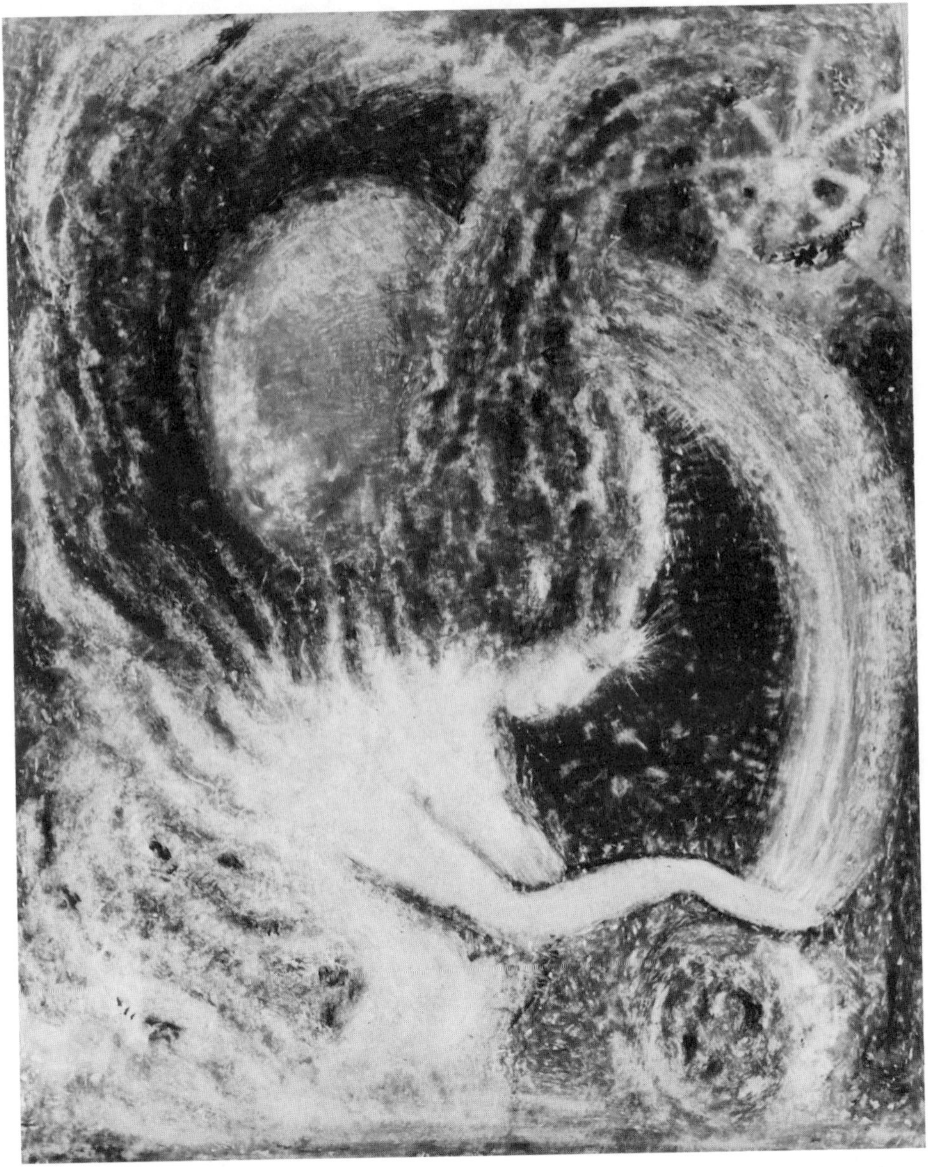

C'est par le canal du rêve, ou par la vision, que les **Instructeurs et Puissances de l'invisible** se manifestent à nous (peinture de l'auteur).

Comment la psychanalyse qui a codifié le rêve pourra-t-elle un jour expliquer les rêves prémonitoires, les rêves prophétiques, les rêves guérisseurs, les rêves de ressouvenances ? Comment pourra-t-elle expliquer le fait qu'une personne puisse rêver d'un événement qui au même moment se produit à des milliers de kilomètres de là ? Innombrables en sont les cas ! Comment pourra-t-elle expliquer l'amplification de notre vision, jusqu'à voir à l'intérieur des choses alors que nos yeux sont fermés ? Comment pourra-t-elle expliquer les voyances et diagnostics faits en rêve (comme ce fut, nous l'avons vu, le cas d'Edgar Cayce), les inspirations, les découvertes qui ont rendu célèbres certains savants ? Effet du hasard ? Manifestation de l'inconscient ? Non, rien de tout cela. Le rêve est avant tout une tentative d'approche du monde divin en passant par le plan astral. Dans ce plan astral rien n'est minéralisé (c'est-à-dire figé comme dans notre monde), tout peut changer de forme, de psychisme, et cela avec une rapidité inconcevable. Certaines choses que nous y rencontrons, paysages, villes, monuments, machines ont été créées par des entités spirituelles et sont les « réalités » de l'autre vie.

Le double (5) ou corps subtil peut aussi se transformer, d'où la fréquence de rêves où nous changeons d'apparence et même de personnalité. Ces transformations, les contes en expriment la ressouvenance, car il n'y a pas si longtemps l'homme avait encore le pouvoir sur son corps astral et celui-ci pouvait agir sur les cellules de son être de chair, lui permettant ainsi selon l'intensité de sa pensée dirigée et maintenue à volonté, de se transformer à son gré et même de se séparer de son âme tout en gardant le contact à volonté. Nombreuses sont les légendes se rapportant à ce sujet. Si l'homme s'intéresse de nouveau au monde magique, à tout ce qui peut le ressourcer à sa vraie dimension, c'est parce que la science et la religion n'ont pas su lui révéler sa véritable identité, ni le rendre à sa pleine mesure. La science l'a automatisé par sa démarche totalement extérieure et négative, de même que la religion l'a détourné de sa véritable origine magique, de son essence essentiellement mystique. L'éducation a fait de l'homme un être prisonnier des automatismes, des structures sociales. Pris

---

5. La vision hyper-physique du double lui permet de percevoir un objet non seulement par tous les côtés à la fois, mais aussi intérieurement.

dans un système de pensées faussement intellectualisantes et terrorisantes, l'homme a perdu la clef de son âme et tout moyen d'accès à la connaissance lui est pratiquement fermé.

Mais il lui reste, pour échapper à cette médiocrité imposée, le pouvoir de contacter et de recevoir les puissances spirituelles du monde du Rêve. Ces Puissances réellement existantes font que l'homme reste toujours, s'il le désire, le médium des forces du ciel et de la terre. Et la vie, n'est-elle pas après tout un rêve âpre dont à la mort l'on s'éveille ?

Table des matières

La composition et l'impression
de cet ouvrage ont été réalisées
par l'Imprimerie CLERC
18200 SAINT-AMAND - Tél. : 48-96-41-50
pour le compte des ÉDITIONS DANGLES
18, rue Lavoisier - 45800 ST-JEAN-DE-BRAYE

Dépôt légal Éditeur n° 1198 - Imprimeur n° 3286

Achevé d'imprimer en Février 1986

Du même auteur, dans la même collection :

Mario MERCIER

LA NATURE ET LE SACRÉ.
Initiation chamanique et magie naturelle.

Format 15 × 21 ; 176 pages ; abondamment illustré.

Nos villes tentaculaires et notre ère surindustrialisée ne nous font-elles pas oublier la richesse de la nature ? Savons-nous encore nous émerveiller devant le miracle de la fleur ou du simple cours d'eau ? Savons-nous nous promener dans la forêt sans la piller, y cheminer en prenant conscience de toutes ces forces lovées, de ces rythmes de vie ?
Mario Mercier, tout imprégné de ces valeurs éternelles et les vivant intensément, nous entraîne dans l'exploration de ces domaines merveilleux que nous côtoyons sans y pénétrer. Par sa force, par son accent poétique qui est celui du souffle du monde, il nous livre ici un message personnel, un enseignement, une expérience qui lui est propre, certes, mais qui est aussi et surtout **source de sagesse et d'humanisme**. Cette quête chamanique faite au milieu de la forêt, du monde végétal au monde minéral, dans la montagne, de l'eau jusqu'au feu, nous livre un nouveau langage, pur et vibrant. « La nature n'est pas seulement ce que l'on nous a appris d'elle, elle est la mise en images de l'Imagination Divine, le chant des éléments dont nous retrouvons les manifestations vivantes à travers tout un monde merveilleusement magique qui se manifeste et s'exprime par ces entités vibratoires que sont les Esprits de la Nature. »
Il s'agit donc d'un ouvrage à l'accent personnel, sincère et captivant, ne provenant pas de la compilation d'autres textes ; un **document vécu, authentique**, un chant lyrique et visionnaire qui est un **message profond**, car Mario Mercier sait percevoir la valeur du sacré ainsi que les racines de l'existence qui nous relient directement à la pure Tradition.

EXTRAIT DE LA TABLE DES MATIÈRES :

Préface de Jean-Pierre Bayard.
I. **Approche, rites et connaissance magique de la forêt** - La femme de la terre - Les imprégnateurs d'esprits - La lecture des feuilles - L'alchimie secrète - Les portes de l'espace magique - Les rayons lunaires - L'expérience des chemins - La femme-esprit de l'arbre - La vie des pierres - Le langage de la nature - Le palais du cœur - La mémoire de toute chose - Les esprits-maîtres - Les forces secrètes de la terre...
II. **Pouvoirs et influences magiques des arbres et des fleurs** - L'arbre possède la clef de la vie - L'homme-poisson - Les arbres-maîtres - Les archétypes - Le grand éveil magique - Le lait spirituel des étoiles - Le psychisme de la terre - Le langage divin des fleurs...
III. **Approche, rite et connaissance magique de l'eau** - Les esprits de l'eau - Une race estrahumaine - Le bestiaire aquatique - Les nymphes - Les pouvoirs de l'eau - Les esprits des eaux froides et de la neige - Les portes spirituelles...
IV. **Approche et rites de la montagne et du soleil** - Les portes de la montagne - La marche au sommet - L'adoration au soleil - La genèse de la terre...
V. Approche, rites et connaissance magique du feu - La personnalité du feu - Les enseignements du feu - Le respect - Les feux de l'être humain - Les fêtes du feu...
Conclusion.

Du même auteur, dans la même collection :

Mario MERCIER :
LES RITES DU CIEL ET DE LA TERRE.
La quête spirituelle de l'Homme.

Format 15 × 21 ; 168 pages ; abondamment illustré (photos).

Voici un livre peu ordinaire qui recèle **une expérience vécue** — et à vivre — sur la relation d'amour qui devrait exister entre l'Homme et l'Univers, entre l'Homme et Dieu.
Ce texte relate une évolution spirituelle faite d'amour et de rites communiels basés sur une relation sensorielle et cosmique de l'auteur avec les forces du Ciel et de la Terre. Vous y découvrirez comment l'Être humain, en s'ouvrant au courant de beauté qui part des astres et de la nature, **peut se transfigurer et retrouver son état magique** d'Enfant de la Terre, de Fils ou de Fille du Ciel, d'Époux ou d'Épouse de la Nuit et de la Lumière.
Au moment où la Nature recule de plus en plus, devant les mâchoires mécaniques que l'on nomme le « progrès » au moment où le béton, les pollutions, les déchets de toutes sortes font d'elle un immense dépotoir, au moment où l'Homme, soumis à des systèmes tour à tour culpabilisants et sécurisants, perd le sens de ses racines profondes et la notion de son identité réelle avec la liberté de son âme, ce livre de Mario Mercier, par un retour aux puissances originelles de l'Être, par sa façon sensible et de nous faire voir, sentir et aimer le monde, nous apporte une respiration nouvelle, profonde, une bouffée de vie et de féerie qui peut donner naissance en nous, au **Nouvel Homme** : Homme d'Éveil et d'Amour, devenu ici l'**Homme Magique.**

EXTRAIT DE LA TABLE DES MATIÈRES :

I. **A la recherche du Cœur magique de l'hiver** - La quête de l'absolu - L'offrande aux Puissances des Éléments - Rencontre avec l'Esprit de l'hiver...
II. **Conversation d'âmes** - La nuit spirituelle - La fête de l'amitié - Le savoir de toute chose - Le feu spirituel - La musique et les couleurs de l'âme - L'amour vrai...
III. **L'approche** - Rencontre avec les gnomes - Le vin d'ombre - Le moment de l'épreuve.
IV. **L'illumination** - La lumière de l'âme - Le cœur de lumière...
V. **La quête magique du Soleil** - La marche initiatique - La communion avec le Soleil - Le dédoublement - Des portes magiques, éthériques, astrales - Les rites du lever du Soleil - Rencontre avec la Femme-Soleil - Les galettes du Soleil...
VI. **Les rites et noces d'amour avec la Terre** - Le don à la Terre - Le sabbat, fête communielle - L'âme de la Terre - La libération - La Dame Bleue de la Terre...
VII. **Rites et pouvoirs de la Foudre et du Tonnerre.**
VIII. **La cabane à voyance** - Les Esprits de la nuit - Le bruit du cœur de la Terre - Le mot primordial : Amour - La porte des Étoiles...
IX. **La mer, porte ouverte sur les secrets de l'Univers** - Le chant de la Mer - La Déesse de la Mer - Les galets, langage de la Mer - Les métamorphoses de l'âme...
X. **Le caillou révélateur** - Le caillou est tout un univers, un œil - Le regard du cœur - L'Enfant-Poisson...
XI. **La montée vers les Étoiles. La communion avec le Ciel** - Le chant des Étoiles - Voyage dans le ciel métaphysique - Aux abords de la Lumière divine - Vers l'Esprit Originel...

Dans la même collection :

Mario MERCIER :
LES FÊTES COSMIQUES.
Les chants de la Vie et de l'Amour.

Format 15 × 21 ; 176 pages ; abondamment illustré.
Rubrique « Expériences vécues ».

Les fêtes sont les moments les plus intenses, les plus vrais de la vie de l'homme, car toute fête est un acte de liberté vis-à-vis de soi-même et du monde.
Mais il y a Fêtes et fêtes et c'est de fêtes magiques et spirituelles dont il s'agit ici, fêtes vécues par l'auteur avec ce Convive de marque qu'on appelle l'Univers.
C'est ainsi qu'après *la Nature et le Sacré, les Rites du Ciel et de la Terre,* deux grands livres de Mario Mercier qui sont aussi de grands moments de fête spirituelle, *les Fêtes cosmiques* nous permettent, par le pouvoir merveilleux de la joie qu'elles nous apportent, de plonger dans l'Essence du Monde.
C'est grâce à toutes ces fêtes que Mario Mercier nous réconcilie non seulement avec nous-mêmes, mais avec la Nature car, comme il le dit si bien en exergue de son livre : « Si l'homme a dans son cœur tous les deuils, il a aussi toutes les fêtes. »

C'est bien de fêtes de l'âme et du corps dont nous avons besoin en ce monde où dominent trop souvent les forces sombres, et cela non pour les fuir mais pour rallumer en nous tant de soleils éteints depuis l'enfance et qui ont le pouvoir de dissiper la nuit du cœur. Et quoi de plus intense, de plus émouvant, de plus exaltant que cette célébration de la vie par l'amour et de l'amour par la vie à travers toutes ces fêtes dont cet ouvrage nous offre de multiples témoignages, célébration élogieuse qui nous pousse à citer cette pensée sans appel du grand poète arabe Ibn Al Fâridh : « Qu'il pleure sur lui-même, celui qui a perdu sa vie sans en prendre sa part. »

Cette œuvre originale ouvrant à d'autres perceptions, habitée d'une **grande poésie** et d'un **vécu intense** doit être lue par toutes celles et tous ceux qui veulent retrouver en eux le pouvoir de la Joie et goûter à la saveur inoubliable de l'Univers, ce Convive Suprême !

TABLE DES CHAPITRES :